함께 토론하고 소통하는

기적의 토킹스틱

함께 토론하고 소통하는

기적의
토킹 스틱

필리스 크런보 지음 | 이소희 · 김정미 옮김

북허브

과거에 나와 다른 의견을 가지고 있었던
모든 사람들에게 이 책을 바칩니다.

아마도 우리는 다시 만날 수 있을 것이고,
그때 그 차이를 다시 해결할 수 있을 것입니다.

이 책은 마음의 힐링과 의사소통 기술의
향상을 위해 노력하는 사람들에게
좋은 길잡이가 될 것입니다.

—랙케시lac'kesh에서

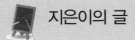 ## 지은이의 글

이 책의 지은이로서 여러 해에 걸쳐 나에게 기꺼이 지식을 공유해 주셨던 훌륭한 선생님들께 감사드립니다. 이제 나는 그분들께 배웠던 것을 가르치고 있으며, 이지혜가 다음 7세대까지 전해지기를 기대합니다.

이 책에 담긴 이야기의 소재를 제공해 주신 분들에게도 감사드립니다. 그들이 나에게 배웠던 것만큼이나 나도 그들을 통해 배웠습니다.

마지막으로, 내가 어렸을 때 생각을 기록할 수 있도록 습관 형성을 도와주신 어머니 비벌리 머피Beverley Murphy 님께 고마움을 전합니다.

7

옮긴이의 글

『논어』「자로」 편에 "군자화이부동 소인동이불화(君子和而不同 小人同而不和)"라는 글귀가 나옵니다. 이 말은 군자는 화합하되 같지 않고 소인은 같으나 화합하지 못한다는 뜻입니다. 즉, 모든 사람이 서로 다르다는 것을 인정하되 모두가 조화롭게 살아가라는 성현의 말씀으로, 약 2000년 전에 중국에서 인생 여정의 지침으로 쓰였습니다. 세상이 복잡해지고 경쟁이 치열해질수록 우리 모두는 개인이 또는 집단과 사회에서 각자의 이익을 추구합니다. 그러나 자신의 이익을 추구할수록 진정한 소통이 힘들어진다는 사실을 명심할 필요가 있습니다.

세상 사람들은 모두 다 다릅니다. 동서고금을 막론하고 이 당연한 이치를 알면서도 사람들은 가정에서도, 학교에서도, 직장에서도, 정치 현장에서도 본능적으로 다른 사람의 생각이 자신과 같기를 기대합니다. 심지어는 부지불식간에 자신의 생각을 타인에게 강요하는 경향도 있습니다.

강조하건대 우리 모두가 다 다르다는 것은 자연의 이치이고 신의 섭리라고 할 수 있습니다. 고대 원주민은 이런 진실을 아주 잘 알고 있었던 것 같습니다. 토킹스틱은 아메리카 원주민 부족 사이에서 만 년 전 전부터 구전으로 전해 내려오던 소통 방법입니다. 이 책의 여러 곳에 나타난 내용을 보면 원주민은 세상살이 그리고 시간과 공간 자체가 일직선으로 나아가는 것이 아니라 무한 순환하는 원형이라고 믿었던 것 같습니다. 이 믿음을 바탕으로 한 대화의 기술 덕분에 수백 년간 평화를 유지할 수 있었다고 봅니다. 미국이 건국 초기에 헌법을 제정할 때, 이런 정신과 태도를 벤치마킹하여 헌법 전문을 만들었다는 사실은 우리를 놀라게 합니다.

이와 같이 토킹스틱은 말을 할 수 있는 어린아이부터 팔순 노인까지 온전한 경청을 할 수 있게 하는 도구입니다. 또한 부부간의 갈등을 녹이는 침실에서의 대화뿐만 아니라 갈등의 연속인 국회에서도 사용할 수 있는 소통의 도구입니다.

이 책은 도입부에서 토킹스틱의 역사적 배경과 사례 그리고 사용 목적 등에 대해 말하고 있습니다. 중반부에서는 아메리카 원주민의 정신세계와 철학에 대해 설명하고 있는데, 원주민식으로 토킹스틱을 사용할 때는 참여한 사람들이 원형으로 둘러앉게 됩니다. 이때 각 위치의 의미에 대해 원주민의 주술적 표현을 상세히 설명하는데 이 내용은 우리가 이해하기에 조금 어렵기도 합니다. 따라서 독자가 이해할 수 있도록 주석을 달았지만, 7장 '방위의 노래'는 그들의 주술적 정신세계에 대해 가볍게 이해하는 수준으로 접근할 것을 권합니다. 후반부에는 토킹스틱을 사용했던 사례와 구체적인 사용 방법에 대해 매뉴얼과 같은 자세한 지침이 나와 있습니다.

옮긴이들은 아동·청소년 복지를 연구하고 교육하는 사제지간으로서, 창의와 인성을 겸비한 글로벌 인재를 키우기 위해 핵심 키워드로 설정하고 노력하는 분야가 아동—교사—부모의 리더십과 코칭 교육입니다. 이 교육에서 첫 단추는 온전한 경청입니다. 우리는 토킹스틱이 온전한 경청을 위한 탁월한 지혜의 도구라고 확신했습니다.

한 아이를 키우려면 온 마을이 필요하다는 아프리카 격언이 있습니다. 그렇습니다. 리더십과 코칭 교육의 실천은 어느 한 사람의 노력만으로 이뤄지지 않습니다. 그러므로 우리 모두가 토킹스틱의 지혜를 생활 속에서 실천하는 본보기를 보이는 어른이 되어야 합니다.

감사의 말씀을 드리고 싶습니다. 먼저 이 책이 지닌 소통의 의미에 최고의 가치를 두고 출판을 결심해 주신 북허브 박찬후 사장님께 감사드립니다. 아울러 사랑과 기도로 항상 옮긴이들을 응원하는 가족과 한국영리더십센터 임직원 여러분에게 감사드립니다.

모란꽃 피는 6월

옮긴이를 대표하여 이소희

차례

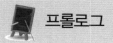 프롤로그

　무릇 그 무엇을 하더라도 그것을 하는 방법은 결코 한 가지가 아니다. 고고학자들은 콜럼버스가 북미의 해안가에 도착했을 당시에 북미에는 400개 이상의 부족이 살고 있었다고 말한다. 그리고 각 부족은 각기 다른 전통을 가지고 있었다고 한다. 그래서 어떤 이가 "이것이 전통이다"라고 말할 때, 나는 항상 그 말이 어떻게 나왔는지에 대해 흥미롭게 듣는다.

　"누구의 전통인가?"

　"어느 부족의 것인가?"

　이 책은 '원주민은 이것을 믿었다' 또는 '토착 신앙은 이러이러했다'라고 내가 경험한 많은 것을 그대로 담고 있다. 다시 말해 어떤 이유를 들어 '이것이 전통이다'라고 넌지시 암시하는 것이 아니라 실제로 내가 경험했던 전통을 그대로 말하는 것을 부디 이해해 주길 바란다.

나는 수많은 부족의 부족장들과 함께 일하는 굉장한 기회를 가졌었다. 그들은 각자 자기들의 신앙을 가지고 있었다. 나의 샤머니즘 트레이닝은 체로키Cherokee 인디언[1] 그리고 아일랜드 사람의 정신적 유산을 이어받은 훌륭한 선생님과 함께 시작되었다. 훗날 나는 라코타Lakota 부족장과 함께 일하는 축복을 받았고, 그 이후에는 몇몇 마야 부족장에게도 교육을 받았다. 이 모든 것은 놀라운 일이었다.

이 책은 내가 배웠던 토킹스틱을 사용한 이로쿼이Iroquois 연합 부족의 전통을 보여 주며, 내가 공부한 다른 토착 부족의 전통과도 결합한 것이다.

상쾌한 가을 바람 아래서
필리스 크런보Phyllis Cronbaugh

---

1 북미 원주민 부족 – 옮긴이

세네카[Seneca][2] 찬양

아, 위대한 신비
우리는 깨어나네!
또 다른 태양을 향해서
받은 선물에 감사함을 느끼네.
하나씩하나씩 받고 있네.
최고의 선물에 감사함을 느끼네.
귀하디 귀한 생명의 호흡 속에서
밤낮으로 우리를 안내하는 능력을 주심에 감사하며.

우리가 배운
생명의 영적 평화와 행복의 보상같이
우리가 배워야 하는 정해진 길을 걸어가듯이.
당신의 영적 힘에 감사하며
또한 우리가 찬양할 수 있도록 해 주심에 감사하며
이런 날들로 우리를 안내하시는
당신의 무한한 사랑에 감사하며.

---

2 북미 원주민 부족 – 옮긴이

16

토킹스틱은 누구나 어디서든 사용할 수 있다

토킹스틱이 지닌 신비한 마술의 힘…

이것은 진실한 마음과 마음의 소통이

영적으로 나타날 때 진정으로 일어나는 것이다.

더크는 다섯 살 때 부모님이 심하게 다투는 소리를 우연히 엿들었다. 더크는 화로 덮개 아래에 놓인 토킹스틱을 갖기 위해 거실 의자를 옮겨 보려고 낑낑거렸다. 더크는 까치발로 간신히 토킹스틱을 내렸다. 더크는 부모님이 다투고 있는 부엌으로 토킹스틱을 자랑스럽게 들고 가서 엄마의 다리를 세게 끌어당겼다. 엄마와 아빠는 더

크가 들어오는 것을 전혀 알아채지 못했고, 엄마는 더크가 부부 싸움을 목격한 데 조금 당황하며 내려다보았다.

더크는 부모님을 쳐다보고는 그들이 충분히 관심을 보이는 것을 느끼자마자 근엄한 태도로 충고를 했다.

"엄마, 아빠는 토킹스틱이 필요해요. 저는 물고기를 먹는 사람이 되고 싶어요."

엄마는 다소 혼란스러워하며 물어보았다.

"네가 무얼 하겠다고?"

더크는 부모님이 자신을 이해하지 못하는 데 흥분해서 다시 강조해 말했다.

"엄마, 아빠는 토킹스틱이 필요하고, 저는 물고기를 먹는 사람이 될 거예요."

부부는 서로 쳐다보며 아들이 무엇을 원하는지 이해하려고 애썼다. 곧이어 다툼으로 인한 팽팽한 분위기가 가라앉았고 부부는 함께 웃기 시작했다.

"더크, 너는 물고기를 먹는 사람이 되고 싶니?"

아빠가 즐거운 듯이 물어보았다.

"예, 저는 물고기를 먹는 사람이 되고 싶어요. 물고기를 먹는 사람 말이에요."

더크는 이제 정말 절망감을 느끼는 것 같았다. 그때 갑자기 아빠는 더크의 말뜻을 이해했다.

"아이고, 얘가 집행관facilitator[3]이 되고 싶어 하는구나."

"그래요. 제가 말한 게 바로 그거예요."

더크는 내가 알고 있는 가장 어린 토킹스틱 집행관이다. 그리고 토킹스틱 모임에서 내가 듣기에 더크는 훌륭하게 일 처리를 했고, 그의 부모도 별 중요치 않은 일로 갈등이 생겼다는 것을 이해했다. 모든 것이 적절하게 해결되었다.

우리는 매일매일의 생활에서 소통의 부재나 제대로 소통하지 못해서 관계가 손상되는 일을 겪곤 한다. 우리가 들은 것에 대해 생각한 대로 혹은 누군가가 의미하는 바에 대해 우리가 생각한 대로 의사결정이 이뤄진다. 특히 서구 사회에서는 분석하는 데 너무 머리를 쓰고, 또

---

3 facilitator는 fish eater와 발음이 유사하다. ‒ 옮긴이

한 우리의 자아는 어떤 상황이 왜 발생했는지 그 이유를 알아내기 전까지 계속해서 생각을 하게 된다.

대개의 경우 우리가 내리는 최종 결정은 최소한도의 논리성조차 갖추지 못한다. 이야깃거리에 대응하는 우리의 태도는 그냥 대충 어리짐작해서 끝내 버리는 식이다. 그러면 상황은 위장된 목소리가 가미되면서 악화 일로로 치닫는다. 그리고 우리는 그냥 죄책감에 빠져 버리거나, 남을 비난하거나, 수치스러운 마음이 들게 된다. 어떤 사람들은 이런 사태에 대해 책임감을 빨리 느끼지만 어떤 사람들은 둔감한 편이다. 우리의 '내면 속 아이'는 상처를 입거나, 우리의 '내면 속 어른'은 추한 머리를 분노로 꼿꼿이 세우고서 다시는 돌이킬 수 없는 부정적 회오리에 빠져들기 시작한다.

이러한 부정적인 생각은 축적되고 시간이 지나면 통제를 벗어나 완전히 폭발한다. 큰 논쟁이 일어나거나 관계가 소원해진다. 이런 일이 가정생활과 직장생활에서 흔히 일어난다. 가끔 우리의 자아는 우리로 하여금 단절되거나 고립된 느낌을 멈추고 상황을 정제할 기회를 무시하도록 만든다. 그래서 우리가 공개적이고 솔직한 소통을 허락하지 않는 벽을 쌓도록 유도한다. 울타리를 치는 감정은 계속적으로 폭발하거나 아니면 꽉 닫힌 상태로 있게 한다. 결과적으로 어떤 문제도 해결하지 못하고 상황만 악화시킨다.

토킹스틱은 다섯 살이든 쉰 살이든 누구나 사용할 수 있는 쉬운 도구일 뿐만 아니라, 쉰 살이 다섯 살과 쉽게 소통할 수 있게 하는 도구이다. 그러므로 여기서 배울 토킹 기술은 침실에서든 회의실에서든 모두 효과적이다.

토킹스틱은 차이를 해결하는 데 사용될 수 있다. 토킹스틱은 부정적인 방법으로 명시하거나 편견을 가지게 하는 대신에 사람들이 가진 차이를 인정하고 격려하거나 조심스럽게 배려하게 한다. 토킹스틱 모임을 마치고 나면 상대방과 일치되지는 않더라도 상대방의 입장을 훨씬 더 잘 이해하게 된다. 토킹스틱으로 인해 보다 올바른 행동을 하게 되고 기꺼이 다른 사람들과 절충하게 된다.

토킹스틱을 사용하는 이유

- 관계 합의를 이루고 분명하게 하기 위해
- 논쟁을 해결하기 위해
- 상호 이익을 이끌어 내기 위해
- 마무리되지 않은 업무를 정리하기 위해
- 창의적 통찰력을 얻는 브레인스토밍을 하기 위해
- 도전에 대한 해결책을 찾기 위해
- 집단 간의 의견 일치를 이루기 위해
- 집단의 단결을 돕기 위해

보다 나은 의사소통을 하는 데 무엇이 필요하든 간에 당신은 토킹스틱이 효율적이고 효과적인 도구임을 알게 될 것이다.

토킹스틱 모임은

- 관계된 사람들의 자존감을 돋우고 존경심을 이끌어 내며
- 모든 사람들이 단지 듣기만 하는 것이 아니라 이해 받도록 한다.

토킹스틱의 기원

『아킬레스의 분노^{Anger of the Achilles}』에서 아킬레스는 트로이 전쟁에서 후퇴한 후에 주변 사람들에게 방해받지 않는 연설을 할 권한을 주는 '금장식 막대기'에 맹세한다고 전쟁위원회에 선언을 한다. 트로이 전쟁은 기원전 1200년경에 일어난 전쟁이다.

토킹스틱에 대한 또 다른 언급은 고대 그리스에 나온다.

이 마른 가지에 더 이상 싹이 나지 않도.
푸른 가지가 나든 나뭇잎이 떨어지든,
도끼질로 한 번 휙~

산중의 나무를 가로 자르면
나뭇잎과 껍질이 깨끗이 다듬어지도다.

이 나무로 고대 제우스가 한
전통적인 장식을 병사들이 할 것이고,
논쟁을 지배하기 위해
명예롭게 이것을 사용하라.
내 앞에서 당신들 그리스 의회는
지금 이 선언을 하리라 나는 맹세한다.

그러나 토킹스틱이 언제부터 등장했는지 정확하게 알
수는 없다. 프랑스의 구석기 시대 동굴에서 발견된, 고고
학자들이 바통batons이라고 부르는 그림에 토킹스틱이 묘
사되었고, 토킹스틱 의식과 같은 네안데르탈인의 의례 행
사에도 사용되었다.

뒤도두베르Tue d'Audoubert 동굴 안에는 복잡한 조각과 장
식의 '뼈로 만든 지휘봉'이라 불리는 것이 있었다. 그것이
정말 토킹스틱으로 사용되었는지, 단지 힘의 상징으로 사
용되었는지는 알 수 없다. 하지만 그것을 가진 사람이 그

지역에서 존경받는 위치에 있었음은 분명하다.

많은 원주민들은 토킹스틱을 사람들에게 가져다주었고, 그것을 어떻게 사용하는지 가르쳐 준 13명의 원조 클랜 족 시조 어머니들의 이야기를 한다. 사람들은 이것이 신화인지 사실인지 알지 못한다. 그러나 만일 그것이 사실이라면 토킹스틱의 기원은 만 년 전으로 거슬러 올라간다고 할 수 있다.

갈등을 다스리는 방법

미국을 건국한 선조는 동쪽 바닷가 접경 지역에 살고 있는 토속민에게 매우 깊은 인상을 받았다. 다섯 구역으로 분명하게 나뉜 나라들은 700년간 평화를 유지하고 있었다. 전쟁으로 파괴되고 황폐화된 유럽의 관점에서 볼 때 이러한 평화 유지는 믿기 힘든 일이었다. 건국의 선조는 토속민이 그때까지 지속해 온 관습을 이해하고 싶었다.

토속민은 카유가 족Cayuga, 세네카 족Seneca, 오논다가 족Onondagas, 오나이더 족Oneidas, 모호크 족Mohawks으로서 오늘날 북동부 우드랜드 문화Northeastern Woodland Culture라고 불리는 지역에 살았다. 당시에 그 영역은 대서양에서 서부 지역 그리고 슈피리어 호수 지역까지 포함되었다. 북부 경계는 남부 캐나다에 이르렀고, 오늘날의 펜실베이니아, 델라웨어, 로드아일랜드까지 포함되었다. 그들은 백인들에게 이로쿼이 부족 연합 또는 다섯 부족국가로 알려졌다.

하이어워사Hiawatha 족장과 디간위다Deganwidah 족장은 약 1000년경에 카이아네르코와Kaianerekowa 혹은 '위대한 평화의 법'이라 불리는 헌법하에 연맹을 설립했다. 다섯 연맹국은 각 나라의 부족에 의해 선출된 추장이라고 불리는 대표들의 의회를 조직했다.

벤저민 프랭클린Benjamin Franklin은 이로쿼이 연합체의 수장이 되었고, 원주민이 미국의 정치 조직 인사들과 함께 협력할 것을 주창했다. 미합중국이라는 이름을 최초로 제안했던 초기 식민주의자 토머스 페인Thomas Paine은 미국 혁명 중에 이로쿼이와 협상을 했다. 그는 그들의 언어를 배우는 법을 알아내고, 나중에는 미국 사회가 어떻게 구성되어야 하는지의 모델로 이로쿼이 제도를 이용했다.

조지 워싱턴George Washington은 사우스캐롤라이나의 존 러틀리지John Rutledge를 실무집행위원회의 의장으로 지명하면서 이로쿼이의 방식을 미국 헌법의 모델로 사용할 것을 공식적으로 제안했다. 미국의 건국 지도자들은 유럽이나 중동의 많은 고전 기록 등을 참조했지만, 최종적으로 그들 모두는 이로쿼이의 정부 형태를 선호했기 때문에 다른 고전 기록을 모두 폐기해 버렸다. 그리하여 "미합중국 국민은 보다 완벽한 연합체를 형성하기 위하여…"라고 썼고, 이는 카이아네르코와에 있는 문장과 동일하다.

그러나 미국의 지도자들이 간과한 점은 이로쿼이 연합에서 평화를 유지하도록 이끈 핵심은 원로위원회, 즉 계단 구조가 아니라 원형 형태인 단순한 조직 구조와 함께 이를 강력하게 뒷받침한 토킹스틱이라고 불리는 간단한 갈등 해결 도구라는 사실이었다.

4

아메리카 원주민의
마법의 바퀴 돌며 걷기

내가 처음으로 받아들인 아메리카 원주민의 가르침은 마법의 바퀴Medicine Wheel를 돌며 걷는 것이다. 일곱 사람과 함께 내가 원형에 서 있으면 리더는 남쪽, 남서쪽, 서쪽, 북서쪽, 북쪽, 북동쪽, 동쪽, 남동쪽에 서 있다는 것을 주지시켰다. 리더는 이것을 그 방위의 '공간 소유'라 하고, 각 방위가 소유한다고 믿는 강력한 힘에 대해 설명을 해 주었다.

아메리카 원주민은 지식을 원형이나 바퀴의 형태로 표현한다. 그들은 서유럽 학교 시스템에서 영향을 받아 우리 대부분이 교육받았던 일직선상의 선형적 지식으로 생각하지 않는다. 그들은 삼라만상이 원형이고 시작과 끝이 없다고 생각한다. (각 방위의 에너지에 대한 추가 정보는 7장 '방위의 노래'에 쓰여 있다.)

리더는 원형의 가운데에 종이 반죽으로 만든 큰 조형물을 놓고 각 사람들에게 본 것에 대해 물었다. 남쪽에 있는 나부터 시작했다.

"나와 마주하는 넓은 초록색의 모습이 보여요. 머리 꼭대기에 두 개의 안테나가 있고 눈이 세 개입니다. 코나 귀는 없어 보입니다. 손가락이 세 개인 두 팔에 자주색과 노란색이 섞인 셔츠, 푸른색 바지를 입었고, 검은색과 흰색이 섞인 신발을 신었습니다. 아, 그리고 혓바닥을 나에게 내밀고 있어요. 하지만 친근감 있어 보이네요."

리더는 "잘했어요."라고 말했다. 그리고 동쪽에 있는 사람들에게 무엇을 보았냐고 물었다. 그들은 이렇게 대답했다.

"아주 얇은 초록색 형상이 보입니다. 그것이 북쪽을 향해 있는지, 남쪽을 향해 있는지 잘 모르겠습니다. 머리 옆에 귀처럼 보이는 뭔가가 있는데, 바깥에 붙어 있지 않고 안으로 들어가 있습니다. 필리스가 말한 것처럼 안테나가 있지만 저는 한 개의 안구만 볼 수 있습니다. 그리고 손가락이 세 개인 손과 한 팔이 보입니다. 분홍색 셔츠와 진을 입었고, 흰색 신을 신었는데 끈은 묶지 않았습니다."

리더는 "잘했어요."라고 말했다.

북쪽에 있는 사람은 종이 반죽으로 만든 조형물에 놀라서 떨리는 목소리로 자신이 본 것을 묘사했다.

"필리스가 본 게 확실한지 모르겠지만, 나를 바라보는 여자가 있어요. 그녀는 초록색이고 눈이 넷, 입이나 코, 귀는 보이지 않지만 네 개의 젖가슴 같은 것이 있습니다. 안테나 두 개와 가슴 한가운데 오른쪽 위에는 깜빡이는 붉은색 빛이 있습니다. 무시무시한 모습이에요."

리더는 다시 "잘했어요."라고 말했다.

서쪽에 있는 사람은 조형물을 보고 "나는 몸체를 전혀 볼 수가 없는데 티셔츠나 진 같은 것을 입고 있네요. 내게 보이는 것은 주황색 안개가 자욱한 뿌연 오로라 같은 거예요."라고 묘사했다. 리더는 "잘했어요."라고 말했다.

다른 네 방위의 사람들은 각기 다르게 말했고, 그때마다 리더는 "잘했어요."라고 말했다.

이 활동에서 우리가 본 것 혹은 보지 않은 것은 중요하지 않다. 중요한 점은 우리가 같은 물체를 각자 다르게 보았다는 것이다.

다섯 부족 연맹의 구성원들은 그들 앞에 놓인 목적, 아이디어, 문제, 도전 등에 대한 기본적 방위와 보조 방위에 대해서 여덟 가지 다른 관점이 있다는 것을 알고 있었다. 한 구성원이 다른 구성원과 달리 뭔가를 보았을 때, 그들은 마법의 수레바퀴에서 같은 위치에 있지 않으므로 다른 사람이 본 것을 정확하게 보지 못한다는 것을 알고 있었다. 그들은 다른 사람과 의견이 일치되지는 않더라도 다른 사람의 의견을 존중했다. 다른 사람의 의견을 '존중'하는 것이 자신의 의견을 바꾼다는 것을 의미하지는 않는다. 그것은 단지 타인의 관점을 존중한다는 것이다. 오늘날 우리는 '동의하지 않는 것에 대해 동의한다'고 말한다.

사실상 백인들은 매우 다른 관점의 생각을 가지고 있

었다. 원주민들은 백인의 삶의 방식에는 단 하나의 종교만 있고 많은 일을 하는 데 기본적으로 한 가지 방법뿐이라는 이야기를 들었다. 원주민에게 백인이 뭔가를 하는 다양한 기록을 보여 주었을 때 그들은 그것을 보고 고개를 끄덕였고, 불경심이나 적개심 없이 걸어 나와 그것이 무엇이든 그들이 늘 하는 방법대로 했다. 무엇을 하거나 문제를 생각할 때 방법이 단 한 가지라는 생각은 원주민에게 아주 낯선 것이었다. 이는 자연에서 그들이 경험한 모든 것과 모순되는 것이었다.

여기서 중요한 점은 두 가지이다.

- 원형[4]으로 둥글게 앉아 있는 모든 사람은 그 시간 그 순간에 자기 자신의 완벽한 인생에 기반을 두어 올바르고
- 신성한 인간으로서 의견을 말할 권리를 존중받고 경청해 주기를 바란다.

---

4 토킹스틱 모임을 위해 둥글게 둘러앉은 모양 – 옮긴이

즉, 모든 주제에는 다양한 관점이 있다는 것을 받아들여서 정신적 유연성을 가지는 것을 '바퀴 돌며 걷기^{Walking Around the Wheel}'라고 부른다.

원로위원회

"고대에 원로 원탁회의가 열릴 때

각 위원들은 원탁회의에

나름 진실이라고 믿는 주제를 가져왔다.

그러나 그것은 전체의 한 부분일 뿐이라는 것을 알게 되었다.

개개인의 비전에 대한 열정을

어떠한 가감도 없이 공유하면

우리의 입지는 보다 큰 원형의

위대한 진실로 자리 잡게 된다."

미국의 건국 선조가 연맹 헌법 이후 정부 형태의 모델을 결정할 때 눈여겨보았던 이로쿼이 리더십의 주요한 일면은 실제로 원로위원회의 이면에 있는 논리와 같았다.

다시 말하지만, 위원회의 구조는 여덟 방향으로서 서로 존경을 표할 수 있는 원형이었다. 일반적인 원칙으로 남자나 여자 모두 우주에 존재하는 여성적 그리고 남성적 에너지를 나타내고 각기 자신의 방위 공간을 지닌다. 어떤 사람은 이것을 음양이라고 부르기도 한다. 예외는 서쪽에 두 여성이 자리 잡는다는 것이다.

대개의 부족에서 서쪽은 할머니의 위치이고, '모든 생물은 여성에게서 태어나기' 때문에  지혜의 위치라고 한다. 오늘날 치유 목적으로나 감정 표현 수단으로 에너지를 활용하는 사람들 대부분은 신체의 왼쪽이 여성으로 받아들이는 부위이며, 신체의 오른쪽은 남

원형에서는 모든 사람이 평등하다.

성적이고 공격적이라는 데 동의한다.

위원회를 구성할 때 원형상에 일곱 명의 남성과 아홉 명의 여성이 있는 이유는 매우 합리적이다. 예를 들어 위원회가 전쟁을 결정하는 투표를 하는 경우, 여성은 남편과 아들을 잃는 두 배의 손실을 입기 때문이다.

각 방위는 특별한 에너지를 갖는데, 방위의 에너지를 이해하면 집단에서 토킹스틱을 이용할 때 매우 유용하다. 중요한 것은, 위원회에서 의사결정을 할 때 각 위원들은 특정한 방위에 앉아서 그 방위의 에너지를 보유하고 그 방위의 대표 관점에서 이야기를 할 책무가 있다는 것이다. 다음번 위원회가 열릴 때 각 위원들은 다른 방위를 취하게 된다. 이렇게 함으로써 각 사람들의 성장을 돕고 아울러 '바퀴 돌며 걷기' 위원회 전체를 돕는다.

원주민들은 모든 능력이 위대한 정신이나 위대한 신의 눈으로 볼 때 동등하다고 느끼며, 각 개인이 원형의 바깥쪽에서 한 생각과 행동은 원형의 안쪽에서 중요하게 여겨지지 않는다. 사람은 정해진 에너지 공간 위치에서만 판단되고 관점이 표현된다고 믿는다.

모든 사람은 자신의 관점을 말할 수 있으며, 중요한 점은

'어느 누구도 원형 안에 있을 때 다른 누구보다 더 중요하게 여겨지지 않는다. 모든 사람은 평등하다.'는 것이다.

토킹스틱의 의식 형태

갈등 해결을 위해
브레인스토밍을 하는
의사 결정 행사를 환영하며

이 책은 사람들의 환영 행사용으로, 효과적인 의사 결정을 위해, 갈등을 해소하기 위해, 그리고 아이디어 개발을 위한 브레인스토밍을 할 때 사용할 수 있는 토킹스틱에 대해 설명한다. 당신은 자기만의 다른 용도를 찾아낼 수도 있을 것이고, 또한 운영 규칙을 이해한 후에는 자기만의 의식 형태로 만들어 낼 수 있을 것이다.

사람들은 이런 모임에서 자신이 제대로 해내고 있는지에 대해 의구심을 갖기도 하고, 어떤 사람은 왜 자신이 이 모임에 초대받았는지 그 자체를 의아해하기도 하며, 자신만 알고 있는 것이 공개적으로 일어날 것이라는 데 초조해하기도 한다. 어떤 사람은 부끄러워하고 어떤 사람은 용감해지기도 한다.

　만일 당신이 행사의 주최자일 때 모든 사람을 알 수도 있고 모를 수도 있다. 그러나 당신은 주최자로서 분위기를 조성해야 하는 책임자이기도 하고, 회의가 효과적으로 진행됨으로써 사람들이 편안하게 느낄 수 있도록 해야 하는 책임자이기도 하다. 토킹스틱을 서로에게 전달하는 것은 얼음을 단번에 부숴 버리는 것과 같은 과감하고 대단한 방법이라고 말할 수 있으며, 그래서 참여한 모든 사람이 평등한 위치에 있게 한다.

　만일 집단이 한 가지의 동일한 목적을 가지고 있다면, 그것이 단순한 사교 모임이고, 다양한 사람들이 함께하는 복잡한 저녁 행사일지라도 당신은 토킹스틱을 사용해 소기의 목적을 달성할 수 있을 것이다. 모든 사람이 자신이 누구임을 잘 알고 있을지라도, 토킹스틱은 타인에게 의사 전달이 어려운 문제를 해결해 주는 훌륭한 의사소통 방법이 될 수 있다.

아메리카 원주민은 '공동체'라는 단어를 자주 사용한다. 공동체의 의미는 토킹스틱의 측면에서는 두 명이 될 수도 있고, 캠프파이어에 모인 원로 원주민 여덟 명이나 이사회의 열다섯 명이 될 수도 있고, 로스앤젤레스, 뉴욕, 미국 혹은 이 지구의 온 인류일 수도 있다. 규모는 그리 중요하지 않다.

공동체는 공동의 목표를 가지고 함께하는 집단이다. 그러므로 효과적인 결과를 도출하기 위해 원주민은 우주에 보이지는 않지만 가까이 존재한다고 느껴지는 영혼이 있음을 선언한다. 그들은 이렇게 공동체를 이뤄 낸다. 그들은 한 번 의지를 가지고 함께 마법의 바퀴 돌기를 하면 우주의 모든 힘이 자신들에게 더욱더 전달된다고 느낀다. 모든 사람이 그들의 이름과 모인 이유에 대해 마법의 바퀴 돌기를 하며 토킹스틱을 건네는 것은 효과적인 모임을 위한 공간을 마련하는 일이다.

의사결정용으로, 갈등 해소용으로, 브레인스토밍용으로 사용하기 위한 토킹스틱의 용도 차이는 의지에 대해 어떻게 주술을 하느냐에 따라 결정된다. 소통의 리더가 더 필요할지, 방위의 에너지를 매트릭스 형식으로 준비할지에 대한 것들은 앞서 미리 결정해야 한다.

만일 당신이 단순히 환영 인사를 하거나, 사람을 사귀거나, 두세 사람 사이에 놓인 의견의 차이를 조정할 목적으로 토킹스틱을 사용한다면 7장과 8장에 있는 정보가 필요치 않을 것이고, 9장 '참여의 기본 규칙'으로 바로 넘어가도 된다.

7장에 있는 정보는 다양한 집단에서 일을 할 때 매우 유용하게 사용할 수 있을 것이다. 상황에 따라서는 어떤 사람의 강점을 활용하기 위해 그 사람을 특별한 방위에 앉도록 하는 것이 중요할 수 있다. 또 참여한 사람이 자기 성찰이나 개인적 성장 기회를 갖도록 토킹스틱 사용 기회를 줄 수 있다.

7장에서는 각 방위, 즉 남쪽, 남서쪽, 서쪽, 북서쪽, 북쪽, 북동쪽, 동쪽, 남동쪽의 에너지에 대해 간단히 설명한다. 설명을 읽다 보면 어떤 에너지가 어떤 영역에서 집중하도록 사용되는지를 알게 되고, 모임 중에 모든 기초를 이해할 수 있다. 8장 '방위의 노래 수행'에서는 토킹스

틱 마법 바퀴에서 참여자가 가장 적합한 위치에 자리 잡
도록 해 주는 소통의 리더의 가이드라인을 제공한다. 만
약 실제적인 토킹스틱 중재자가 되고 싶다면 7장과 8장의
정보에 특별히 관심을 가져야 할 것이다.

방위의 노래

아메리카 원주민은 우주에 있는 모든 것이 신성하다고 생각한다. 각 방위는 각각의 에너지를 가지고 있다고 본다. 동서남북을 나타내는 기본 방위는 에너지를 소유하거나 또는 더욱더 정지된 에너지를 가지고 있는 방위이다. 남서, 북서, 북동, 남동, 즉 기본이 아닌 방위(보조 방위)는 에너지를 이동시키고, 순환하는 에너지를 원 안팎으로 전달하는 에너지의 통로로 나타낸다.

마법의 바퀴는 유사한 요소를 나타내는 에너지의 집단이다. 예를 들면, 뒤(48쪽)에서 열한 개의 다양한 에너지 표현이 각 마법의 바퀴 위치에 나열되어 있는 그림을 볼

방위의 노래

1. 바퀴의 요소
2. 방위의 힘
3. 할머니 땅의 세계
4. 인간적인 면
5. 수호자
6. 보호막
7. 더 큰 힘
8. 아래로의 에너지
9. 위로의 에너지
10. 스타 메이튼 윈
11. 투사의 속성

1. 공기와 바람
2. 지혜, 이론, 지식
3. 신성한 동물
4. 인간의 마음
5. 신성한 매
6. 순수한 성인
7. 창공의 신(쾌탈)
10. 철학과 믿음 시스템
11. 의도와 조화

8. 에너지를 디자인하고
연출, 혼돈, 남성성과
여성성의 균형
*9. 최상의 자기
(호크시다헤이)*
10. 에너지의 디자인과
안무
11. 휴식과 집중

8. 생명의 교과서, 인생 주기,
신성한 이미지, 신성한 법
**9. 카르마와 다르마 마스터
(슐라마다헤이)**
10. 규칙과 법
11. 패턴과 타이밍

1. 지구 또는 흙
2. 직관, 자기성찰, 죽음,
변화와 변형
3. 광물질 세계
4. 인간의 육체
5. 까마귀
6. 영적인 성인
7. 할머니
10. 공상
11. 침과 강인함

1. 무(無)
2. 한마음 호흡(프라나)
3. 영적 세계
4. 성 에너지(출라콰이-쿠도스카)
6. 연장자
7. 위대한 영혼(와칸탕카)

1. 불
2. 이해, 깨달음, 기쁨과
아름다움
3. 신성한 인간 존재
4. 인간의 정신
5. 신성한 독수리
6. 영적인 아이
7. 할아버지
10. 판타지와 환상
11. 자기 계발과 속도

8. 개인의 꿈, 신성한 꿈,
집단의 꿈, 행성의 꿈
9. 꿈의 스승(카치나헤이)
10. 인생 경험의 상징
11. 공간과 거리

1. 물
2. 믿음과 순수
3. 신성한 식물
4. 인간적인 감정
5. 신성한 부엉이
6. 순수한 아이
7. 대자연(케찰)
10. 신화와 수작
11. 균형과 조절

8. 조상들(톨라리라쿼, 토실라
헤이, 툰가실라, 오미탁웨신)
**9. 이해심 많은 마스터
(아칠로타헤이)**
10. 자기 개념
11. 태도와 접근

수 있다. 왼쪽 상단의 열한 가지 표현은 각 방위 내의 열한 가지 설명에 대한 키워드이다. 각각은 각기 다른 열한 가지 글자체로 나타냈다.

첫 번째 것은 '바퀴의 요소'이다. 남쪽의 요소는 물, 서쪽은 지구, 북쪽은 공기, 동쪽은 불, 중앙은 우주의 공간void이다. 이 요소들은 안정적이다. 따라서 기본 방위로 인정된다. 또한 남서는 꿈, 북서는 인생 주기, 북동은 혼돈, 남동은 조상이다. 이 네 가지 모두는 에너지를 원의 안팎으로 움직인다. 중앙은 촉매 에너지이며, 모든 방위로의 움직임에 촉매로 작용한다. 열한 개 요소의 몇 가지는 정적 에너지와 동적 에너지를 모두 가진다. 이것은 그림에서 열한 번째 바퀴 요소인 '투사의 속성Warrior's Attributes'이다.

바퀴의 열한 개 각각의 요소에 어떤 주제가 놓일 때마다 각 방위의 지식 기반은 기하급수적으로 확대된다. 각 방위에 대한 간단한 설명과 이 에너지를 실제적으로 사용하는 구체적인 방법이 뒤따라 이어진다. 만약 소통의 리더가 당신에게 특정한 방위에 앉아 달라고 요청하면 당신의 영적 생각이 형성될 수 있도록 따르면 된다.

만약 당신이 그 방위에서 메시지를 얻지 못한다고 강하

게 느끼면 다른 방위로 바꿔 앉고 싶을 수도 있다. 그러나 아무것도 일어나지 않는다고 느끼더라도, 소통의 리더가 당신에게 특별한 방위에 앉도록 요청한 이유는 당신의 에너지를 자신의 생각 프로세스를 통해 맑게 사용하도록 추천한 것일 수도 있으므로 따르는 것도 의미가 있다.

'진땀나는 오두막 의식sweat lodge ceremony' 5에서는 특정한 방위에 앉아 달라고 요청받는 경우가 많으며, 나는 일반적으로 그 요청을 존중하고 따른다. 내가 직접 의식을 이끌지 않을 때, 나는 소위 말하는 '추첨운에 따르는 것'을 좋아하고 어디서 내 의식이 끝나는지를 본다. 한 번 그 방위에 있게 되면 나는 내가 어디서 왜 끝냈는지 그 이유를 찾기 위해 나의 내부로 들어간다.

남쪽

남쪽은 지구의 물과 우리 신체, 피, 심장을 포함하는

---

5 아메리카 원주민의 증기 목욕 의식으로 몸의 독소를 제거하여 마음과 영혼을 치유하는 의식이다. 여기서는 토킹스틱으로 행하는 하나의 의식을 의미한다. ─ 옮긴이

'물과 유동성'의 장소이다. 감정의 신체적 측면은 여기에 있다. 이것은 또한 당신이 생각하는 것을 또 다른 함축적 의미로 담아내는 '믿음과 순수'의 장소이다.

믿음이라는 단어는 우리에게 아메리카 원주민 부족의 위대한 영혼과 우리 자신 안에서 항상 믿을 수 있는 것에 대해 상기시킨다. 그 외 다른 것들은 단지 인간적인 것이다. 이는 때때로 우리를 실망시키기도 할 것이다. 나이 많은 어른들은 다른 사람들과의 조화라는 것이 과거의 경험에 기초해 그들 안에서 믿음을 갖는 것이라고 말한다.

순수라는 단어는 우리가 이미 가진 능력 그리고 만약 우리 자신의 힘을 가지고 우리 본질의 중심에 섰을 때 인생에서 선택한 무엇이든 할 수 있도록 하는 데 필요한 모든 능력을 우리가 가지고 있음을 의미한다. 그 순수라는 것의 고대 근원은 나 자신의 본질을 의미한다. 순수는 또한 우리가 한때 거쳐 온 신체적으로 순수한 아이와 그 나이 때의 아이처럼 느끼는 경이로움 같은 것을 나타낸다.

지구상 신성한 식물들의 에너지는 남쪽에 있으며, 그것은 우리에게 교훈을 준다. 식물은 우리에게 산소, 먹을거리, 치료용 약초, 휴식처 등을 주듯이 무조건적이고 보상을 바라지 않으며 무한히 주는 것을 가르쳐 준다.

'스타 메이든 원Star Maiden's Circle' [6]은 그림에 나타난 바와 같이 마법의 바퀴 요소 중의 하나이다. 바퀴의 남쪽에 해당하는 것은 '신화와 오락'이다. 이것은 우리가 이해하고 찾은, 그리고 우리가 살고 있는 세상을 우리와 일치시키는 것을 돕기 위해 만든 이야기를 나타낸다. 어떤 이야기는 고통스러웠던 반면에, 우리의 이미지 메이커들(부모나 다른 역할 모델)이 우리에게 가르친 어떤 이야기는 즐거운 것이었다. 우리가 경험했던 것을 이해시키기 위해 우리는 이야기를 만들었다. 예를 들면, 술 취한 아버지에게 얻어맞고, 자신이 나쁜 사람이라거나 아버지가 자신을 사랑하게 될 것이라는 이야기를 만들어 낸 소년의 예일 것이다. 소년은 나쁜 사람이니까 아버지에게 맞는 게 당연하다는 것이다.

우리가 만든 많은 신념은 사실에 근거하지 않지만 더 나이 들어 감에 따라 우리에게는 사실과 같은 이야기가

---

[6] 마법에서 사용되는 용어이다. 'star'는 순수한 지각의 빛, 우리의 태양을, 'maiden'은 처녀성, 순수, 어머니 혹은 지구를, 'circle'은 두 가지의 원리가 마주치는 장소를 의미한다. – 옮긴이

되었다. 밝은 신념으로는 "너는 마음먹은 것은 무엇이든 할 수 있어.", 어두운 신념으로는 "너는 절대 아무것도 될 수 없을 거야."가 있을 것이다. 우리가 더 이상 실체가 아니거나, 결코 일어날 수 없을 것 같은 신화를 어떻게 즐길지에 대한 것은 오락으로 설명된다.

위의 예를 이용하면, 어떤 사람이 감원으로 해고되었을 때 다음과 같은 생각으로 자신을 즐겁게 할 수 있을 것이다. '봐, 아버지 말씀이 맞았어. 아버지는 내가 아무것도 되지 못할 거라고 하셨어.' 하지만 실제로 정리 해고는 그의 업무 능력과는 아무런 상관이 없었다.

어둡거나 사실이 아닌 신념을 밝거나 실재하는 이야기로 전환하기 위한 '투사의 속성' 요소는 '균형과 조절'이다. 균형은 균형 잡힌 감정을 가지고 있는 것을 나타낸다. 이 말은 감정적인 것이거나 또는 가치 없는 감정 또는 감정이 아예 없는 것, 감상적인 것, 과장되거나 통제 불가능한 감상적인 것 등을 표현하는 것이 아니라 균형을 이루는 것을 의미한다.

각 기본 방위는 '더 큰 힘'의 요소를 가지고 있고 케찰 Quetzal(중남미산 새)은 남쪽에서 찾을 수 있다. 케찰의 다른 이름은 '대자연Mother Nature' 또는 '식물의 정신'이다. 또한 '흰 물소 종아리 여성'으로 알려져 있으며, 사람들에게 '신성한 주술 파이프'를 돌려주고 '신성한 법' 안에서 살 수 있도록 가르친 것에 대한 보상을 받았다. 케찰은 여섯 가지 인생 주기—죽음은 삶을, 삶은 부활을, 부활은 움직임을, 움직임은 변화를, 변화는 혼돈을, 혼돈은 죽음을 가져오는 것—를 통해 어떻게 다시 살아날 수 있는가를 사람들에게 보여 주었다.

부엉이는 남쪽의 수호자이고 '꿈의 전달자'라고 일컬어진다.

남쪽 에너지 사용하기

토킹스틱의 본질에 가장 근접한 마음이나 감정적 교감을 가진 사람은 아마 남쪽에 앉고자 할 것이다. 자기 생각의 흐름을 돕기 위해 남쪽 에너지의 지식을 사용하라. 지구의 물은 억지로 막지 않는다면 정체되지 않을 것이다.

특정한 방위에 앉은 사람은 자신의 의견을 표현하거나 그 방위의 에너지에 의해 자신의 상황이 어떻게 영향을 받는지 묘사하기 위해 에너지를 사용할 수 있다. 예를 들어, 주제가 불안정하거나 감정적이라면 그들은 스스로 어떤 감정이 나왔는지 그리고 이 감정의 영향을 받는 것에 대해 어떻게 느끼는지를 말할 수 있을 것이다. 반대편에서는 그런 감정 상황이 어떻게 왜곡되었는지 표현할 수 있을 것이다. 어느 쪽이든 그 사람이 토킹스틱을 잡음으로써 그들이 이야기하기 전에 균형과 중심에 있음을 확신할 필요가 있다.

남쪽에 앉은 사람은, 만약 그들이 더 위대한 선(善)을 위해 무조건적으로 베풀고 있다면 그들의 동기를 살펴볼 필요가 있다. 다시 말해 반대편인 북쪽에서는 그 행위가 진실인지를 점검해 볼 수 있다. 예를 들면, 너무 많이 주고 있거나 혹은 불균형의 포지션과 상호 의존적인 상황을 만들고 있는지 관찰할 필요가 있다. 균형 잡히지 않은 것에서 야기될 수 있는 다른 상황이 많이 있다.

만약 어떤 문제가 어떤 사람에 의해 조정되거나 그 사람의 권한으로 추정할 필요가 있는 것이라면 그 문제는 이 방위에서 잘 표현될 것이다. 이런 경우에는 이 방위가 힘을 얻기 위한 사람들에게 장려할 만한 훌륭한 장소이다. 반면에 어떤 사람이 너무 많은 힘을 가진 것 같으면 그들에게 균형과 통제 그리고 그 힘이 공유될 수 있는 '투사의 속성'을 상기시킬 필요가 있을 것이다.

남쪽은 어린아이들의 장소이기 때문에 이곳에서 의미 있게 만들어져야 할 것은 유머이다. 유머는 어떤 상황이든 경직되지 않도록 돕는 강력한 도구이다. 원의 각 방위에 있는 모든 사람이 경계해야 할 것은 자신이 때때로 너무 심각하게 처신하거나 자신만이 정답을 알고 있다고 생각하는 것이다. 우리는 원 안의 모든 사람이 자신의 의견을 표현하고, 듣고, 이해받을 권리가 있음을 기억해야 한다. 만약 문제의 근원이 어린아이같이 행동하는 것과 어른스러운 생각을 하지 못하는 것이라면 이 방위는 그들이 앉아야 할 좋은 장소가 될 것이다.

모임의 목적이 아이디어를 찾기 위해 브레인스토밍 하는 것이라면 이곳은 아이들처럼 자연스럽게 상상력을 갖도록 해 줄 것이고, 토킹스틱으로 시작하는 훌륭한 장소가 될 것이다. 따라서 이 공간에서는 원의 모든 사람에게 개념이 없는 것은 너무 목적 지향적이지 못해 나눔거리가 되기 어려워서 원으로 가져올 수 없다는 것을 상기시킬 수 있다.

만약 우리가 어두운 신념의 영향으로 인해 고립되거나 고통받고 있다면, 우리의 힘을 포기해야 하고, 마법의 바퀴를 돌 수도 없으며, 또한 360도 다른 방향에서 봐야 할 것이다. 우리가 아이의 관점에서 우리 자신을 위해 만들어 낸 많은 신념은 우리가 살아남을 수 있도록 도와주기도 한다. 그러나 오늘날 어른의 입장에서 그것은 더 이상 우리를 돕지 못한다. 이런 이야기들은 매우 깊이 스며들어서, 비록 고통스럽다고 해도 우리는 그것을 유지해야만 하고 그것을 함께 즐겨야 한다. 이런 경우에 토킹스틱의 진행이 어두운 신념 쪽으로 가게 하거나, 혹은 진실을 정확하게 말하기 위해 밝은 쪽으로 변화해야 할까?

이 공간의 '더 큰 힘' 요소는 지구에 아름다움을 가져다주는 케찰이다. 어떤 종류의 아름다움을 원으로 가져오고 있을까? 그녀는 또한 부활에 대해 가르쳐 준다. 당신의 상황에서는 어떤 종류의 새로운 시작이 토킹스틱에서 나올 수 있을까?

남쪽의 수호자인 부엉이는 우리에게 꿈을 가져다줄 수 있다고 한다.

남서쪽

남서쪽은 꿈의 장소이다. 꿈에는 네 개의 면, 즉 개인적인 꿈, 신성한 꿈, 집단의 꿈, 할머니 행성의 꿈이 있다.

우리의 개인적인 꿈은 우리가 어떻게 생존해서 살아갈지에 대한 것이다. 어떤 사람이 어떤 이유에서든 생존에 대해서만 투쟁하고 풍부한 개인의 꿈을 발휘하지 못한다면 결코 신성한 꿈에 접근하지 못할 것이다. 신성한 꿈은 삶에서 구체화된 것이며, 풍부한 개인의 꿈 없이는 유산이라고 할 수 있는 것을 받거나 계승하지 못할 것이다. 모든 사람은 삶에서 다섯 가지, 즉 건강, 희망, 행복, 조화, 유머를 원한다.

집단은 환경에 따라 여러 가지 다른 것이 될 수 있다. 만약 토킹스틱이 두 사람 사이에 있으면 이 또한 집단 간의 활동으로 할 수 있다. 집단은 가족, 구체적인 목표를 가진 사람들, 도시, 나라, 심지어 지구가 될 수도 있다. 할머니 행성의 꿈을 구성하는 데는 여러 가지 다른 선택이 있다. 어떤 사람들은 그 꿈이 지구상 모든 인간의 의식 수준을 올리기 위한 것이라고 말하며, 또 다른 사람들은

'할머니 꿈'이 자신을 치유하기 위한 것이라고 한다. 거기에는 각기 다른 믿음이 있기 때문이다.

카치나헤이Kachina-hey란 말은 '꿈의 스승'을 의미한다. 스승은 우리의 꿈이 어떻게 나타나는지를 가르쳐 주고, 또한 무엇이 이런 발현을 막을 수 있는지를 보여 준다. '스타 메이든 원' 요소에서 남서쪽의 에너지 요소는 '인생 경험의 상징'이다. 우리가 어떤 이유에서건 알지 못하거나, 두렵거나, 또는 다소간 위협적인 것 등 인생을 최대한 보지 못했을 때, 이것이 '닫힌 징표'를 가지고 있다고 말한다. 이 징표는 우리 삶의 경험을 제한한다.

카치나헤이는 닫힌 징표가 열릴 수 있도록 하기 위해 우리가 어디서 닫힌 징표를 가지게 되고, 인생에서 열정을 위해 진실하게 갈 수 있는 곳이 어디인지를 보여 준다. 이것은 우리가 개인적 꿈에서 풍부함을 나타내는 법을 의미하고, 개인적 꿈의 에너지를 어떻게 신성한 꿈과 조직의 꿈에 합치시킬 수 있는지를 보여 준다. 많은 이들은 이것이 성취되면 자동적으로 '할머니 땅의 행성 꿈'을 발전시킬 것임을 알게 된다.

남서쪽 '투사의 속성' 요소는 '공간과 거리'이다. 공간은 우리가 혼돈에 맞닥뜨렸을 때 얼마나 중앙에 잘 위치할 수 있을지를 나타내고, 거리는 다른 사람들과 서로 삶의 경험을 얼마나 가깝게 자신의 에너지 영역 안으로 허용하는가이다. 균형이 잡혔을 때 우리는 본능적으로 닫힌 징표를 어떻게 열지, 자신을 위험에 빠뜨리지 않고 어떻게 최대한 인생을 경험할지를 알게 된다.

남서쪽 에너지 사용하기

만약 토킹스틱 원에서 남서쪽에 앉으라는 요청을 받는다면 당신은 조직의 꿈을 쥐게 되는 것이다. 그 꿈의 최고 수준을 달성하기 위해 반드시 조직의 닫힌 징표를 발견해야 한다. 그것을 위한 열정을 다하고 그 모두를 가지기 위한 노력에 대한 저항은 무엇일까? 조직이 최적의 공간을 유지하기 위해서는 무엇을 실행해야 하는가? 최대의 성장 기회를 허락하기 위한 안전거리는 얼마인가? 당신은 꿈이 나쁜 방향으로 간 곳으로 탐험하도록 요청받을 수도 있다.

서쪽

서쪽의 에너지는 지구 요소인 흙과 우리의 육체인 몸이다. 이 요소는 우리가 땅 위의 중심에 놓일 수 있도록 돕는다. 서쪽의 힘은 우리가 태어날 때부터 물려받은 직관적 능력을 나타내는 '직관과 자기 성찰'에 관한 것이다. 텔레파시의 정신적 힘, 우리가 필요로 하는 것에 접근하는 법, 꿈꾸는 것, 우리 자신을 치유하는 능력, 마법, 에너지 흐름을 보는 것 등이다. 이 능력 중 많은 것들이 잊혀 왔으나 연습을 통해 다시 배우고 기억할 수 있다.

북미 원주민 레이븐 족^{Ravens}과 크로 족^{Crows}은 서쪽의 수호자이고 직관적 마법 능력의 전달자로 불린다. 우리의 내면으로 들어가서 무엇이 선한 것인지 보는 능력과 우리 자신에 대해 마음에 들지 않는 것을 변화시키고 결심하도록 만드는 능력인 자기 성찰 능력을 우리는 존경한다.

지구 요소의 한 부분인 '광물질 세계'는 필요한 에너지를 어떻게 멈추거나 움직이게 할 수 있을지를 가르쳐 준다. 원주민 전통 의식인 '진땀나는 오두막 의식'에 가져온 돌들은 물이 넘칠 때까지 불의 열기를 잡고 있다가 참여

자들을 위해 에너지를 깨끗한 증기로 옮긴다.[7]

남쪽에서 우리 내면의 '신체적 아이'를 받아들였다. 서쪽은 우리의 투사, 즉 영적 어른의 장소이다. 남쪽의 신체적 아이와 북쪽의 신체적 어른은 당신이 일생 동안 선택한 성(性)이다. 서쪽의 영적 어른과 동쪽의 영적 아이는 반대의 성이다. 이번 삶에서 여성이 되기로 선택했다면 당신의 투사는 남성이다. 만약 남성이 되기로 선택했다면 당신의 투사는 여성이다. 이는 균형적으로 우리의 수용성 측면과 단호한 측면이 지켜져야 하지만 때때로 그 균형이 기울어진다. 투사가 앞에 서 있고 외부로 향하면 그(그녀)는 우리 자신의 삶을 위해 책임감을 갖는 것이고, 이는 적절할 때 권한을 받아들이도록 할 것이며, 또한 모든 생각, 말, 행동에 대해 책임감을 갖도록 도울 것이다.

서쪽의 '투사의 속성'은 '힘과 강인함'이다. 힘은 남성의 특질이고 강인함은 여성의 특질이다.

일반적으로 서쪽은 여성의 에너지를 가지고 있다. 서쪽

---

7 고온의 돌 에너지가 증기로 옮겨 가는 것을 나타낸다. ―옮긴이

은 할머니가 지식과 지혜를 줄 때 솔로 우리를 감쌈으로써 편안함을 주는 장소이다.

'스타 메이든 윌' 요소에서 서쪽은 상상하는 것과 다른 함축적 의미를 가지고 있는 '공상'의 장소이다. 공상할 때 사람들은 대개 곤경과 역경에 대해 자신의 책임보다는 다른 사람들에게 비난을 돌린다.

사례로 어릴 때부터 의사가 되고 싶어 했던 한 여성의 이야기가 있다. 그녀의 어머니는 딸의 그런 욕망에 대한 고통을 외면하고서 눈높이를 높이지 말라고 항상 말했다. 그녀는 일반적으로 여자는 의사 대신 간호사가 되어야 한다고 들었다. 결과적으로 그녀는 자신의 꿈을 추구하지 않았기 때문에 자기 어머니를 비난하는 분노를 가지고 있다.

서쪽 에너지 사용하기

토킹스틱 모임에서 서쪽에 앉으라고 요청받는다면 물질의 공간과 신체적 몸을 가지게 되는 것이다. 만약 토킹스틱이 오랜 시간 계속 이어진다면 참여자들에게 물이나 휴식 등을 제공해야 한다. 이는 에너지를 멈추고 변화하는 것을 도울 수 있어서 집단에 매우 좋다. 그들의 힘과 강인함을 보호하도록 도울 필요가 있다. 직관으로 그려 보고 명상하라. 그 집단이 들어야 되는 옳은 메시지를 만들어 줌으로써 도움을 줄 수 있다. 그래도 깨닫는 것이 없다면 당신의 말은 아마 할머니 목소리처럼 될 것이다.

만약 변화가 원에 맞서는 무엇이라면, 변화가 실제로 일어나기 전에 무언가 눌러놓아야 한다는 것을 모든 사람이 깨달을 수 있도록 한다. 이는 반드시 육체적 죽음을 의미하는 것은 아니지만, 새로운 것을 세우기 위해서는 오래된 패턴이 없어져야 한다는 것을 나타낼 수도 있다.

만약 상호 작용의 주제에서 비난을 듣게 된다면, 각 사람이 그 프로젝트에 관련한 그들의 태도나 행동 등에 대해 책임감을 가져야 하다는 것을 강조할 수 있다. 이는 반대의 경우에도 물론 사용될 수 있다. 책임 소재가 적절하지 않거나 집단 내에서 책임이 잘 배분되지 않았을 때, 어떤 사람은 원에서 맡을 필요가 없는 책임을 질 수도 있다.

북서쪽

북서쪽은 '생명의 교과서'적인 장소이거나, 우리의 영혼을 한 단계 더 진화시키기 위해 삶에서 성취하고자 하는 바에 대한 이야기의 장소이다. 또한 계절이나 우주의 법칙 같은 여섯 가지 인생 주기 — 죽음은 삶을, 인생은 움직임을, 움직임은 변화를, 변화는 혼돈을, 혼돈은 죽음을, 그리고 다시 시작하기 위해 죽음은 삶을 가져오는 것 — 를 아는 장소이다.

이것은 또한 신성한 법칙일 뿐만 아니라 우리 자신을 위해 만든 규칙을 포함하는 '규칙과 법'의 장소이다. 신화 그리고 남서쪽과 서쪽의 어떤 다른 에너지에 기초해 우리는 우리의 삶을 다스릴 수 있는 이론을 만들기 시작했다. 우리의 도덕성에 관한 스토리를 말하고 어떻게 우리가 선, 악, 공정, 불공정, 옳음, 그름 등에 대해 인식하는지를 묘사한다. 법이란 말은 우리가 규칙을 어긴 경우에 어떻게 응징을 당할지 정의한 것에 대한 결과를 의미한다.

'투사의 속성' 요소는 '패턴과 타이밍'이다. 우리는 계속 반복되는 패턴을 만드는 규칙에 매우 익숙하다. 패턴이라는 것은 바지를 입을 때 오른쪽 다리를 넣는 방법이나, 수표 결재를 늘 미루려는 경향이 있는 것 등이다. 이런 종류는 끔찍하게 파괴적인 것이 아니라 간단한 패턴이다. 가장 흔하고 심각한 패턴 두 가지는 아동과 배우자에 대한 학대이다. 학대받고 자란 아동 중 대다수는 배우자를 학대하거나 자기 아이를 학대하게 된다.

패턴은 빠져드는 습성이 있어서 심지어 고통에도 익숙해져 많은 사람들이 그 패턴을 유지하게 된다. 남편에게 학대받는 어떤 여성은 수년 동안 그 관계를 정리하지 못하기도 한다. 왜냐하면 그녀는 남편이 술에서 깨어났을 때 미안해하리라는 것을 알기 때문이다. 이것은 이제 그녀의 패턴이고, 그녀가 남편을 벗어나 삶에서 맞닥뜨리게 되는 그 무엇보다 덜 두려운 것이다. 우리는 이것을 '숙명적인 패턴'이라고 부른다.

타이밍은 '최소한의 기회를 잡는 때'를 의미하거나, '적시에 올바른 장소에 존재할 수 있는' 능력을 가지고 있음을 의미한다. 우리는 균형 잡혀 있을 때 최소한의 기회를 잡기가 더 쉽다.

북서쪽의 '더 큰 힘' 요소는 '생명의 교과서'를 쓰는 데 도움을 주었던 '슐라마다헤이Chuluamadah-hey'이다. 이들은 우리에게 더 이상 쓸모없는 업보인 카르마 패턴을 깨끗하게 하는 데 도움을 주고 100퍼센트 자기 마음대로 하도록 하는 인도의 종교적 인생 계획인 다르마 인생 계획을 다시 쓸 수 있도록 도움을 준다. 원주민 원로들은 힌두교의 카르마와 같은 상태에 있는 동안 우리가 함께하는 교훈에 대해서는 선택권이 없다고 이야기한다. 그러나 우리 인생 숙명의 카르마경Karmic Book을 닫고 다르마경Dharmic Book을 열어 본 후에 우리는 선택권을 가질 수 있다.[8]

북서쪽 에너지 사용하기

만약 북서쪽에 앉으라고 요청받는다면 확실한 규칙과 법이 조직에 적용되지 않고 변경될 필요가 있기 때문이다. 아마도 노력 범위를 제한할 것이다. 당신을 제한의 공간에 가두는 것이 패턴이 되었다. 제한의 공간에서 벗어

---

8 불교 용어로 카르마가 이미 정해져서 바꿀 수 없는 우주의 오묘한 법칙이라면, 다르마는 그 법칙 속에서 자신의 삶을 충실하게 채워 나갈 수 있는 가능성을 의미한다. – 옮긴이

나는 타이밍이 정확해야 한다. 만약 당신이 북서쪽에 앉아 있다면 이 순간을 제시간에 만들 수 있다. 그러나 대부분의 사람들이 처음에는 변화에 저항하는 성향을 가지고 있기 때문에 신중하고 요령껏 행해야 한다.

북서쪽은 또한 '주기의 법칙'의 장소이기 때문에 앞서 언급한 여섯 가지 우주의 법칙을 이해할 필요가 있다. 변화를 일으키기 위해 움직임을 생성해 내고 계속 진행해야 한다. 변화는 오직 혼돈의 한가운데에서만 일어난다. 실질적인 혼돈의 에너지는 북동쪽에 있다. 변화를 위해 아이디어를 주고 균형 잡힌 에너지를 지키려고 그 방위에 앉아 있는 사람과 가깝게 일할 필요가 있다. 북동쪽 편을 보라.

개인적인 기준에서 슐라마다헤이의 '더 큰 힘' 요소는 우리에게 어떻게 운명(카르마경)을 닫고 의지(다르마경)를 여는지를 보여 주는데, 그것은 우리 스스로 교훈의 효과에 의해서 움직이는 것을 의미한다. 우리는 배우기 위해 여기에 왔고 이는 100퍼센트 자의이다. 그리고 우리가 시작한 교훈적인 것들에 대해 스스로 책임감을 가진다.

이 책에서 운명이나 업보(카르마)는 불법, 범죄, 계약 파기, 집단 법의 파괴, 또는 그 집단이 미안해해야 할 어떤 일의 발생 같은 것이다. 카르마에 많이 있는 개인적 감각처럼 집단의 카르마를 깨끗하게 하기 위해서도 수정이 이뤄지거나 보상이 주어져야 한다. 카르마가 깨끗해졌을 때, 소위 '운명에 대한 의지'도 함께 앞으로 나아가거나 집단을 위해 더 많은 권한을 주게 된다.

여섯 개의 우주 법칙은 무언가가 새로운 패턴으로 다시 태어나기 위해서는 무언가가 오래된 패턴으로 죽어야만 한다고 우리에게 알려 준다. 우리가 삶에서 무언가가 죽는 것을 허락할 때면 심지어 작은 변화라도 언제나 애도의 기간이 필요할 것이며, 그리고 이것은 존중받을 필요가 있다.

북쪽

북쪽은 '공기와 바람'의 장소이다. 공기의 요소는 어떤 경우라도 유연하라고 가르친다. 이곳은 지혜, 이론, 지식, 균형, 조화의 장소이다. 인간적인 면에서는 마음이다. 지식은 책이나 선생님으로부터 배울 수 있는 것이다. 그리고 이 책의 목적을 위해 지혜는 그 지식과 다른 지식을 결합하게 한다. 이것은 원초적 가르침에서는 생각되지 않는 방식에 효과적으로 사용된다.

이곳은 우리가 자라면 어른이 될 때 머무르는 장소이다. 우리가 성인이 될 때 우리의 '철학과 믿음 시스템'은 그 자리에 있다. '철학과 믿음 시스템'은 신념(남쪽)의 산물이고 이미지 메이커로부터 배운 것이며, 열린 또는 닫힌 심벌(남서쪽)에서, 그리고 우리가 공상 속에 있든 아니든 다른 사람을 비난하고, 우리 자신을 책임지든 아니든(서쪽) 우리 자신을 위해 세운 규칙 및 법(북서쪽)과 관련된 것이다.

이 '철학과 믿음 시스템'은 우리로 하여금 다양한 관점에서 문제를 보게 하거나, 4장에서 언급한 것처럼 바퀴 주위를 걷는 능력을 가지게 하지만, 그렇지 않을 경우 우리의 길이 단 하나라는 좁고 왜곡된 시야를 가지게 할 수도 있다. 만약 좁은 시야를 가지고 있다면 우리는 확실히 북쪽의 요소인 공기의 유연성과 일치되지 않는다.

북쪽의 '의도와 조화'는 '투사의 속성' 요소이다. 우리가 다른 사람의 의도를 판단할 때, 의도라고 판단한 것이 실제로 나타날 것에 대해 매우 신중하라고 경고한다. 의도는 어느 면에서 생각하면 행동하기 위한 각오이다. 조화는 다중 시점을 받아 그것들이 함께 조화롭게 일어날 수 있도록 하는 능력이다.

'붉은 매'는 북쪽의 수호자 에너지이며, 세세한 부분을 놓치지 않고 큰 그림을 볼 수 있는 능력이다. 매는 가장 높이 나는 새 중 하나로 풋볼 필드의 거리에서 쥐도 볼 수 있다. 매는 결코 세세한 부분을 놓치지 않는다.

북쪽의 '더 큰 힘' 요소는 콰탈Coatyl이며, 때때로 동물이나 창공의 신의 영혼이라고 일컬어진다. 콰탈은 우리가 강한 의지에 연결된 상태를 유지하는 데 도움을 준다. 대개 이는 위대한 영혼이나 신이 우리와 연결된 것처럼 나타나지만, 조직이 도전받을 때 종종 이용되는 경우도 있다.

할머니 땅의 제3세계는 신성한 동물이 있는 북쪽에서 찾을 수 있다. 동물들은 우리 자신을 돌보며 자연스러운 상태로 있는 것을 가르치지만, 다른 사람이 우리를 어떻게 생각할지 염려하는 것에 대해서는 가르치지 않는다. 동물들은 다른 동물에게 깊은 기억을 남기려는 데 관심이 없다. 그들은 단지 직관에 따라 행동하고, 할 수 있는 것 안에서 최선을 다한다. 나는 항상 이 말을 좋아했다. "다른 사람이 당신을 어떻게 생각할지 너무 신경 쓰지 마라. 그들은 대개 그렇게 생각하지 않는다."

북쪽 에너지 활용하기

우리의 마음이 열려 있다는 것은 '마음의 유연성'이 있을 때를 의미한다. 토킹스틱의 북쪽 자리는 조직의 중요한 구성원이 각각의 다른 방위 사람들이 진술한 모든 관점을 열린 마음으로 받아들이는 데 좋은 장소이며, 또한 각 구성원들이 가면과 가식을 벗고 동물이 보여 주는 것처럼 완벽하고 자연스러움 안에서 열린 마음으로 이야기해야 한다는 것을 상기시키기에 좋은 장소이다. 당신이 하는 말이 당신의 어린아이가 아닌 어른의 것에서 나왔음을 확신하라. 그곳은 감정의 장소가 아니라 냉정한 머리의 장소이다.

원의 모든 사람은 다른 관점이나 지식을 가지고 있기 때문에 자신의 지식을 집단의 다른 새로운 진실과 합치는 최적의 기회와 장소이다. 북쪽에서 당신이 할 일은 큰 그림을 보고 더 큰 선(善) 안에서 해결책을 제시하는 것이다. 메시지를 만들 때 어떠한 관점도 무시하지 마라. 모임의 분위기가 완화되면 소통의 리더는 사람들이 나타낸 모든 관점을 들을 수 있는 시간을 가지기 위해 당신에게 마지막으로 요청하고 싶을지도 모른다. 만약 모든 관점을 통합하는 데 어려움을 느낀다면 강한 의도에 계속 연결될 수 있도록 콰탈에게 요청하라.

북동쪽

북동쪽은 우리가 인생을 통해 나아감에 따라 '우리의 에너지를 디자인하고 안무하는' 장소이다. 이곳은 우리가 우선순위를 정하고 선택하는 곳이다. 우리의 결정, 선택 그리고 우선순위는 '가장 작은 노력으로 가장 큰 효과를 내는' 첫 번째 우주 법칙 안에서 일치시켜야 할 필요가 있다. 그러나 많은 경우에 그렇지 못하다. 원주민 원로들은 만약 우리가 우주의 에너지와 일치한다면 인생은 어려운 것이 아니라 쉬운 것이라고 이야기한다. 안무의 어두운 면은 자기 파괴, 미루는 버릇, 게으름, 우리 자신에 대한 미안한 감정, 또는 우리가 인생의 희생자라고 믿어 버리는 것 등이다. 우리 육체에서 공격적인 남성 에너지와 수

용적인 여성 에너지의 균형을 이루는 것이 해결책이다.

북동쪽은 혼돈의 장소이기도 하다. "혼돈은 우리의 친구"라는 오래된 격언이 있다. 많은 사람들은 이 말을 비웃지만 사실이 그렇다. 왜냐하면 우리의 삶에서 변화를 일으키려면 혼돈이 필요하기 때문이다. 혼돈이 없으면 우리는 정체되고 끝내 죽고 말 것이다. 일반적으로 우리는 이에 대해 크게 걱정할 필요가 없다. 우주는 우리가 준비가 되어 있든 아니든 우리에게 혼돈을 가져다주기 때문이다. 핵심은 '투사의 속성' 요소인 '휴식과 집중'을 배워야 한다는 것이다. 만약 당신이 삶에서 스트레스를 만들기 위해 혼돈을 허락한다면, 반드시 있어야 할 당신의 에너지에 거의 집중할 수가 없을 것이다.

북동쪽의 '더 큰 힘' 요소는 호크시다헤이^{Hokkshideh-hey}라고 하는, '삶에서 우리를 꿈꾸게 했던 사람'이다. 그것은 또한 '최상의 자기'로 알려져 있다. 만약 이런 내면의 목소리에 귀 기울인다면 정확하게 결정할 수 있고 우선순위를 영예롭게 선택할 수 있을 것이다.

북동쪽 에너지 활용하기

북동쪽은 균형 잡힌 에너지가 원으로 들어갈 수 있도록 유지하는 책임이 있다. 토킹스틱이 필요로 하는 변화를 보여 주기 위해 원 안에 충분한 혼돈을 두는 것과 통제로부터 나갈 수 있도록 허락하는 것 사이에는 미세한 선(線)이 있다. 만약 방위의 결함 때문에 혼돈이 우세해지는 것을 본다면 조직의 우선순위나 토킹스틱의 의도를 상기시키기 위해 개입해야만 한다.

균형 잡힌 상태에 있도록 하기 위해 종종 에너지 수준을 조사하라. 그 에너지가 너무 적극적이거나 심지어 공격적인가? 토킹스틱이 다시 이용 가능해질 때, 집단이 수용적이 되고 열린 마음으로 '마법의 바퀴 주변을 거닐게 하도록' 상기시키는 데 사용하라. 사람들이 최고의 선(善)을 찾는 대신에 자기 본위가 되도록 해야만 하는가? 만약 그렇다면 호크시다^{Hokkshideh}를 요청하고 원의 모든 사람이 똑같이 시간을 갖도록 한다. 균형이 회복될 필요가 있고 휴식과 집중을 해야 할 시간이다. 균형 없이 최고의 선에 대한 해결을 얻을 수는 없다.

동쪽

동쪽은 '불'의 장소이다. 이곳은 우리의 정신, 창조성, 상상력이다. 동쪽의 힘은 '이해와 깨달음'이다. 이해는 목표가 아니라 즐기게 될 여행이다. 깨달음의 근원은 나라를 밝히거나 빛과 선(善)을 가져오는 것을 의미한다. 이것은 기쁨과 아름다움을 포함한다.

할머니 땅의 네 번째 세계는 여기에 살고 있는 '인간 존재들의 신성한 세계'이다. 인간을 제외한 다른 동물들에게는 자유 의지의 선물이 주어지지 않았다. 다른 동물들은 본능에 따른다. 인간으로서 우리는 스스로 하려는 것을 결정할 능력을 가졌다.

동쪽에서 '스타 메이든 원' 요소는 '판타지와 환상'이다. 서쪽의 공상처럼 판타지와 환상은 그 정의를 필요로 한다. 판타지는 '정신의 불꽃'이다. 그것은 자유롭게 몰입하는 상상력이다. 이곳은 비전을 현실화하려는 상상의 꿈을 나타내는 장소이다. 왜곡된 상상이 현실이라고 가정할 때 우리는 환상에 있는 것이다. 이는 때때로 '상상의 악용'이라 불린다. 그것은 자신, 인생 그리고 다른 것들에 대한 애매한 반영이다. 이것은 원주민 원로들이 '약화된 정신'이라고 부르는 것이거나, 절망을 느끼는 더 높은 단계를 의미한다.

어른의 정신적 특성은 서쪽에서 찾을 수 있다. 동쪽은 '아이의 정신 특성'이고 삶에 균형을 가져다주는 반대 성이다. 여성에 대한 것은 소년 치어리더이고, 남성에 대한 것은 소녀 치어리더이다. 이 아이는 모르는 것에 대한 두려움이 없고 열정을 내도록 재촉한다. 그 아이의 정신은 당신에게 해가 될 만한 그 무엇도 하도록 하지 않을 것이나, 절벽 끝에서 계속 춤을 추라고 할 것이다. 동쪽의 '투사의 속성' 요소는 '자기 계발과 속도'이다. 당신 아이의 정신은 당신을 깨달음으로 인도하기 위해 당신의 영혼과 함께 가깝게 일하는 것이다. 속도가 당신을 더 빨리 움직이도록 밀어붙이지 않는 것이 당신에게는 안락한 일이겠지만, 진전하는 속도에 대해서는 문제를 상기시킬 것이다.

동쪽은 보호를 위한 '할아버지 에너지' 장소이다. 우리가 남성적 에너지에 의지하고 공격적이 아니라 적극적일 필요가 있을 때 할아버지 에너지는 항상 우리 뒤에 서 있다.

동쪽의 수호자는 독수리 또는 웜바데이Wambadah이다.

독수리는 새들 중에서 가장 높이 날고 직접적으로 주신이나 다른 신과 교감할 수 있다. 독수리는 우리의 기도나 메시지를 주신에게 가져다주고 우리가 찾는 대답을 구하도록 한다.

동쪽 에너지 활용하기

동쪽에 앉은 당신은 집단을 위해 시야를 고정한다. 불, 정신, 창조성은 더 위대한 선(善)을 찾는 집단의 길을 밝혀 줄 것이다.

만약 토킹스틱에서 언제든 문제에 대한 결과를 찾는 데 희망을 잃어버리면, 당신은 집단에게 그들이 신성한 인간이고 그런 일이 일어나게 하는 데에는 그들이 결정권과 자유 의지를 가지고 있음을 상기시켜야 한다. 원에 있는 당신과 다른 모든 사람에게 우리는 모두 창조자이고 의식적으로 매일 매시간에 창조하고 있음을 상기시켜라. 만약 당신이 원하는 대로 흘러가지 않는다면 의지에 의해 항상 변화될 수 있다. 자기 계발과 속도는 모든 해결책이 즉시 일어나는 것이 아니라 특정한 시간에 일어남을 상기시킨다. 또한 집단의 아이 정신으로서 당신은 집단이 만

든 결정이 환상이 아닌 한 옳으리라는 것에 대한 두려움
을 가져서는 안 된다.

남동쪽

남동쪽은 자기 개념, 자부심, 자존심의 장소이다. 어떤
사람들은 마법의 바퀴의 시작이라고 말하고, 또 어떤 사
람들은 마법의 바퀴 위의 에너지 축적이라고 말한다. '일
곱 개 화살'이라 불리는 방위에 대한 가르침이 있다. 우리
가 자신 또는 다른 사람들에게 쏘는 일곱 개 어둠의 화
살이 있어서 균형을 잃게 된다.

어둠의 화살은 애착, 의존, 비교, 판단, 기대, 상처 입
은/버려진 궁핍한 아이, 자부심/자만심이다. 만약 안으로
부터의 지식 대신 다른 사람으로부터 우리 자부심의 당위
성을 찾는다면 우리는 어둠의 화살을 쏘는 것이다. 이것
은 우리의 정체성, 감정적 승인을 얻기 위한 노력, 정신적
인식, 육체적 안전, 또는 다른 사람의 정신적 허용을 위
해 다른 사람에게 의존하는 것을 포함한다. 어둠의 화살
은 우리의 힘을 잃어버리게 한다.

그 반대인 밝은 화살은 긍정적인 자기 개념을 만드는 자기 인식, 자기 수용, 자기 칭찬, 자기애, 자기 기쁨, 자아실현, 완전무결이다. 밝은 거울을 사용하면 우리는 다른 사람의 의식이나 반응에도 불구하고 독립적이고 우리 자신 안에서 행복할 수 있다. 밝은 화살을 들었을 때 우리는 개인의 자주적 자유를 얻는다. '태도와 접근'은 남동쪽 '투사의 속성' 요소이다. '태도와 접근'은 모든 자기 개념의 틀이다.

남동쪽은 선조의 장소이다. 톨릴라퀴^{Tolilahqui}는 작은 사람, 여자 요정, 남자 요정, 레프러콘 요정 등이다. 그들은 할머니 땅의 첫 번째 주민이었고 인간 거주자들을 위해 땅을 준비했다. 그들은 장난과 즐거움을 좋아한다. 그들은 유머의 가치를 떠올리게 하고, 그들을 행복하게 해 주면 자동차 열쇠나 다른 것을 훔치는 것을 잊어버린다. 토실라헤이^{Toushilahey}는 과거, 현재, 미래의 모든 인생에 걸쳐서 개인적 정신이다. 또한 토실라헤이는 누군가의 주의를 끌기 위해 사용할지도 모를 존중심이다. 누군가는 "선생님…"이라고 하는 대신에 "토실라헤이…"라고 말함으로써 사회자의 주의를 끌 수 있을 것이다.

툰가실라^{Tungashilah}는 우리의 혈족이고 오미탁웨신^{Omita-koyasin}은 비혈족이다. 오미탁웨신은 때때로 '인류의 위대한 모임 원'으로 나타낸다. 스콰나시^{Sskwanasie}는 많은 사람들이 우리의 조상이라 믿는 '별나라 사람'이다. 키바^{kivas}의 전설은 75만 년 전에 지혜와 인간의 씨를 가지고 시리우스와 플레이아데스 별자리에서 왔다고 전한다.

남동쪽은 아칠로타헤이^{Achlohtah-hey}나 '이해하는 주인'의 집이다. 이는 깨달음을 얻고 모든 사람이 이해할 때까지 육체로의 환생을 택한 사람들이다. 우리가 오늘날 그들의 가르침을 배울 수 있도록 그들의 많은 특별한 가르침을 보호한 그들에게 존경을 표한다. 대부분의 원주민은 밝음에 이르는 모든 길에 영광을 표한다. 이 길을 영광스럽게 깨친 성인은 예수, 부처, 콴인^{Quan Yin}, 케찰코아틀^{Quetzalcoatl}, 쿠쿨칸^{Kukulkan}, 비라코차^{Viracocha}, 마호메트, 알라, 크리슈나^{Krishna}, 이시스^{Isis}, 오시리스^{Osiris} 등이다.

남동쪽 에너지 활용하기

여기에서 원이 시작되었건 끝났건 간에 의심할 여지 없이 이곳은 종착점이다. 이 공간을 잡고 있는 사람들의 시선을 태도와 접근으로 간단히 바꿈으로써 토킹스틱의 산출물을 변화시킬 수 있다. 당신은 문제의 부분인가, 해결책의 부분인가? 만약 당신이 문제의 부분으로서 답을 찾는다면 당신은 검은 화살을 쏠 것이다. 당신의 태도와 접근은 행동, 대답, 진화에 대한 선택을 결정한다. 올바른 태도로 어떻게 상황에 접근하는지 알게 될 것이고, 집단을 위해 최상의 결과를 도출할 것이다.

만약 조상의 에너지를 이용한다면 남동쪽은 풍부한 경험을 가져올 것이다. 원주민은 조상을 존경했지만, 우스꽝스럽게도 교차하기만 하고 더 똑똑해지거나 옳은 해답을 구하지 않았다. 그러므로 그들에게 충고할 때 주의하라. 필자는 당신의 직관에 거슬리는 충고를 자제할 것을 당부한다.

작은 사람인 톨릴라퀴에게 그리고 우리 자신에게 적절하게, 너무 심각하게 하지 말 것을 충고한다. 5장 '원로위원회'의 시작 부분에서 말한 대로이다. 우리 각각은 단지 원에서 전체의 한 부분인 한 조각의 진실만을 가져온다.

마지막으로, 만약 당신이 남동쪽에 앉아 있는 것을 발

견하고 수호자가 필요하다면 당신 마음의 길이 무엇이든
깨친 성인에게 기대라.

방위의 노래 수행

"영혼은 내게 힘이 넘치는 비전을 제공한다.

이 비전에서 나는 숲의 벌거벗은 꼭대기를 보았다.

부드러운 바람결이 스쳐 지나가면 대초원의 수풀은 부드럽게 일렁이고, 나는 바퀴의 살처럼 삐져나온 바위들의 원형을 보았다.

이 커다란 원형 안에 또 다른 바위들의 원형이 중심부 가까이에 있다.

이 비전을 보고 있을 때, 나는 이것이 신성한 원형, 즉 우리 백성의 굴렁쇠라는 것을 알았다.

나는 네 방향의 계곡을 통해 올라오는 것을 보았는데, 처음에는 동물처럼 보였다.

나는 그것이 점점 더 다가올수록 동물이 아니라는 것을 알았지만, 알고 보니 동물 왕국을 존중하는 의상과 머리 장식을 한 사람이었다.

그들은 원형으로 옮겨 가서 해가 움직이는 방향으로 돌며 그 안쪽으로 들어갔고, 바퀴상의 적당한 장소에 자리 잡기 전에 완전한 원형을 이뤘다.”

- 작자 미상

만일 토킹스틱을 사용하는 소통의 리더가 되어 달라고 요청받았고, 가장 좋은 해결책을 달성하기 위한 방위의 노래 수행의 이점을 구한다면 도움이 되는 아이디어가 있다.

집단은 다음과 같은 이유로 당신에게 소통의 리더가 되어 달라고 할 것이다.

- 당신은 집단이 직면한 문제의 유형에 매우 익숙하고 높은 수준의 해결책을 제시한 경험이 있다.
- 당신은 참여자들을 오래전부터 알고 있기 때문에 요청받았지만, 참여자들이 취할 행위 과정에 대한 애

착이 없다.

- 당신이 직업적인 수준의 토킹스틱 중재자이거나 혹은 당신이 소통의 리더가 되기를 희망하기 때문이다.

첫 번째 이유이면 아마도 당신은 토킹스틱 모임 중에 설명될 의견과 제기될 문제에 대한 훌륭한 아이디어를 이미 가지고 있을 것이다. 이런 지식을 한 단계 더 취하면 당신은 문제에 대한 새로운 차원을 더 높이는 것이 유용함을 알게 될 것이다. 당신은 참여자들의 강점과 재능을 자동적으로 사용하기 위해 원주민이 한 고대의 교육법을 사용할 수 있다. 당신은 그들의 강점을 반영할 수 있고, 또한 모임 중에 제기되는 모든 문제의 면면을 확신할 수 있는, 바퀴상에서 선택할 공간을 결정할 수 있다.

좋은 아이디어 같지만 당신에게 참여자의 힘을 인지할 아이디어가 없다면 부록 A '방위의 노래 수행을 위한 질문-참여자의 강점 활용하기'를 보라. 이 질문지는 팀워크의 훌륭한 이점이 되는 여덟 가지 강점을 보기 위해 설계되었다. 자신의 강점에 대해 1에서 8까지 점수를 매기게 되어 있는데 1이 가장 높은 등급이다.

여덟 가지 방위의 강점은 다음과 같은 특성이 있다.

남쪽 : 나는 주제에 대한 의견이 있으며, 나 자신이 확신에
차 있고 믿을 수 있는 느낌을 가진다. 나는 비감정적이고
중립적으로 사실에 의거해 자신의 의사를 표명하는 데 어
려움이 없다.

남서쪽 : 나는 모험적인 사람이고, 내적으로 알 수 없는 공포
때문에 뒤로 물러서지 않는다. 나는 새로운 일을 시도하는
데 공개적이며 이 토킹스틱으로 지존(至尊)에 도달할 것을
기대한다.

서쪽 : 나는 보스 기질이 있고 내 꿈을 명확히 할 수 있다. 내
가 움직이는 곳에 무언가를 투입하면 결과를 금방 이뤄
낸다.

북서쪽 : 나는 문제를 해결하는 임무를 맡았다고 느낀다. 나
는 이 일이 내가 하려고 예상했던 것임을 알고 있고, 지금
내가 느끼는 것은 그 일을 할 시기이다.

북쪽 : 나는 이 문제를 풀어 나가는 데 구속되어 있다고 느
끼지 않는다. 나는 모든 사람이 이야기하는 것을 듣기 위
해 마음이 열려 있고, 모든 사람의 의견을 들은 다음 이
상황을 해결하는 가장 좋은 방법으로 할 것이다.

북동쪽 : 나는 조직 관리자이며, 적절한 방식으로 집단이 결

정한 해결책이라면 이행하는 것을 도울 수 있다는 확신을 느낀다.

동쪽 : 나는 많은 집단 기능에서 치어리더가 된다. 나는 집단 전체를 하나로 묶는 솜씨가 있고, 조직에서 긴장이 발생하면 그것을 완화할 수 있는 능력이 있다.

남동쪽 : 나는 이 같은 상황을 이전에 처리해 본 경험이 있고, 적절한 방식으로 해결하는 것을 보는 긍정적 열망과 함께 지혜를 밖으로 끌어낼 수 있다는 느낌이 있다.

만일 다수의 참여자들이 어떤 한 방위에 대해 힘을 느낀다면 당신이 보기에 가장 적합한 사람을 정해야 하며, 다른 사람은 두 번째 것을 선택하여 자리 잡게 한다. 특정 방위에 다수의 사람을 앉히지 않을 이유는 없다. 그러나 인원수를 골고루 나누는 것이 좋다. 예를 들어 각 방위에 한두 명, 다른 방위에 네 명, 또 다른 방위에 한 명, 이런 식은 안 된다. 어떤 사람이 어떤 방위보다 다른 방위에 배치될 것을 더 강조할 수 있는데, 그러면 더 중요한 위치에 배치해 준다. 모든 방위에 최소한 한 명은 배치한다.

오랫동안 참여자들을 알았다는 두 번째 이유로 소통의

리더가 되었다면 당신은 이미 그들의 강점과 약점을 알고 있다고 느낄 것이다. 부록 A의 질문지를 이용하는 것이 정보로서 가치 있어 보이고 상황이 허용한다면 당신은 참여자들에게 자기 성찰과 성장의 기회를 주고 싶을 것이다. 이 두 번째 옵션은 참여자들을 실제적으로 도전을 받는 원형상의 방위에 배치하는 것이다. 이는 자신의 강점 위치와 반대되는 곳에 배치하는 것인데, 그들이 느끼기에는 자신의 가장 취약한 곳에 배치되는 것이다. 부록 B '방위의 노래 수행을 위한 질문 – 자기 반영과 위기 떨쳐 내기'를 보라. 참여자들은 1에서 8까지 점수를 매겨 가치 평가를 해야 한다. 이 경우에 1은 가장 약한 상태를 느끼는 것과 무언가에 도전하려는 것을 나타낸다.

다음은 여덟 가지의 약점이 지배하는 방위와 그에 대한 설명이다.

> **남쪽** : 나는 나 자신이 종종 충분한 힘을 가졌다고 느끼지 않지만, 이런 기회에 앞으로 나가서 하고 싶고 그렇게 한다. 나는 어떤 사람의 이슈도 내 비전을 흐리게 하지 않으며, 또한 내 의견을 분명히 진술할 수 있다고 느낀다.

남서쪽 : 나는 매번 사람들에게 다가가기가 불편하다는 이유로 뒤로 물러섰다는 것을 알고 있다. 그러나 나는 이번 기회를 이 집단을 좀 더 잘 아는 데 활용하고 싶고, 또한 내가 소유하고 있으며 알고 있는 재능을 같이 나눌 수 있기를 바란다.

서쪽 : 나는 내 꿈이 명확하게 보인 적이 없었다는 것을 알고 있다. 어떤 이유에서 나는 나 자신이 뒤로 물러서고, 꿈이 꽃을 피우고 열매가 맺도록 허용하지 않았다는 것을 알고 있다. 나는 이번 기회를 집단 일체감을 취하는 데 이용하고 싶고, 아울러 지존에 도달하도록 이행하는 데 도움을 주고 싶다.

북서쪽 : 나는 나의 가장 흥미 있는 부분을 알면서도 인생에서 변화를 받아들이기가 어렵다. 나는 이번 기회를 나 자신을 둘러싼 한계의 상자를 허무는 데 이용하고 싶고, 이 에너지를 집단이 전체가 되는 데 사용하고 싶다.

북쪽 : 나는 다른 사람의 의견에 대한 가치를 이해하기가 어렵다. 나는 이번 기회를 나를 따르는 집단 구성원들이 말하는 것을 진심으로 듣는 연습을 하는 데 이용하고 싶고, 문제점을 그들의 관점에서 보기 위해 시도하고 싶다.

북동쪽 : 내 인생은 혼란이 지배한 것처럼 보인다. 그 당시에만 중요하게 보이는, 작고 중요하지 않은 것들이 나를 어

지럽힌다. 나는 현실적인 선택을 함으로써 집단의 해결책을 제시하는 데 집중하도록 이번 기회를 이용하고 싶고, 또한 내가 높은 수준에 머물 수 있도록 허용하는 적절한 결정을 하고 나의 에너지를 현명하게 이용하는 데 이용하고 싶다.

동쪽 : 나는 매번 내 상상이 가장 나쁜 상황으로 투사되게 하기 때문에 걱정이 되고 불안해진다는 것을 알고 있다. 나는 대개 내 상상 시나리오가 완전히 잘못되거나 혹은 어떤 상황에서든지 나의 통제를 벗어난다는 것을 안다. 나는 이번 기회를 과거의 경험에 머물지 않고 현재에서 일을 하는 데 이용하고 싶고, 혹은 미래에 일어날 일이 내게 영향을 미치지 않도록 이용하고 싶다.

남동쪽 : 나는 다른 사람들이 나에 대해 생각하리라는 공포나, 항상 나 자신의 가치가 입증될 필요가 있다는 것에 의해 늘 영향을 받았다. 나는 이번 기회를 자연 상태의 나 자신으로 일하는 데 이용하고 싶고, 내가 진정 어떤 사람인지를 숨기기 위해 늘 써 왔던 마스크를 벗는 데 이용하고 싶다.

만일 다수의 참여자가 특별한 방위에서 그들의 약점을 느끼면, 당신이 판단하기에 그 자리가 가장 필요한 한 명을 선택하고 다른 사람은 차선책으로 자리를 배치할 수 있다. 첫 번째 보고와 똑같이 각 방위의 사람 수를 골고루 유지하고, 한 방위에 최소한 한 명은 배치한다.

어떤 사람이 특정 방위의 공간을 차지하기로 결정되었다면 그에게 7장 '방위의 노래'에 대한 정보를 주어 다른 에너지와 익숙해지도록 해야 한다.

---

9 전문적인 소통의 리더나 중재자로서 당신은 토킹스틱을 사용함으로써 새로운 사람을 많이 끌어들이게 될 것이다. 필자는 소통의 리더들에게 일대일 교육을 하고 전체 팀에게 방위의 노래 사용법을 가르치기도 한다. 필자에게 연락하려면 pcronbaugh@sbcglobal.net로 이메일을 보내기 바란다.

참여의 기본 규칙

다음은 토킹스틱 모임을 정의하는 간단한 아홉 가지 규칙이다.

1. 토킹스틱을 하는 분위기에는 반드시 존중하는 마음이 깃들어 있어야 한다. 모임에서는 존중심을 표현하고 다른 사람을 무시하거나 체면을 떨어뜨리거나 무안을 줘서는 안 된다. 토킹스틱은 다른 사람을 공격하는 도구가 아니다. 집단의 의견에 대해 도전을 할 열망이 없는 사람은 초대하면 안 된다. 만일 누군가가 숨은 동기를 가지고 있다고 믿는다면, 그들의 에

너지가 원으로 이동되지 않았다는 것을 확신시켜 주는 것은 소통의 리더의 몫이다.

2. 토킹스틱을 가진 사람만이 이야기를 할 수 있다. 누군가가 토킹스틱을 가지고 있을 때 다른 사람들은 앉아서 귀 기울여야 한다. 이것은 이야기하는 사람과 동의를 하든 하지 않든 모든 명령과 몸동작을 포함한다.

3. 모든 참여자는 자신의 의견을 표명할 권한이 있으며, 협의체에 소속되었다는 데 그치지 않고 이해했다는 것을 알아야 한다. 당신이 이해했다는 것을 어떻게 토킹스틱을 통해 알 수 있을까? 이는 사실 매우 간단하다. 메시지를 들은 사람은 말한 사람이 만족스러울 만큼 자기가 들었던 이야기를 반복해서 해야만 한다. 만일 이야기한 사람이 느끼기에 메시지를 들은 사람이 이해하지 못한 듯하다면 의견을 다시 말할 권한이 있고, 사람들이 이해했다고 느껴질 때까지 그 과정을 반복한다. 그러면 토킹스틱이 전달된다. 그럼으로써 이야기하는 사람만이 토킹스틱을

쥐고 있으면서 다른 사람의 의견에 흔들리지 않도록 하고, 집단이 자기의 입지를 이해했다고 느낄 때까지 토킹스틱이 허락되는 것이다.

4. 참여자들은 "나의 소견을 밝힙니다."라고 말해야 한다. 토킹스틱 모임이 시작되기 전까지 합의가 되지 않으면 누구도 다른 사람에 대해 이야기하는 것을 허용하지 않는다. 예를 들면 "나는 이 상황이 균형을 깨트리고 터질 것 같다고 느낍니다.", "존이 정말로 이 균형 상황을 깨트리고 있어요.", "존이 정말로 이 균형 상황을 깨트리고 있다고 밥이 이야기합니다."와 같은 말들이다.

5. 원 안에서 이야기된 것이 무엇이든지 간에, 원 안에 머물러 있어야 하고 전체 공동체에 의해 합의되지 않은 것은 외부 사람과 협의하지 않는다는 데 동의해야 한다. 진실로 자신의 마음에서 우러난 이야기를 하기 위해서는 집단 내의 참여자나 다른 조직보다 더 깊이 나아가지 않으면 안 된다는 것을 알 필요가 있다.

6. 만일 각 사람들이 마음에서 우러난 이야기를 하고 있으면 자기 인생에 기초한 각 사람의 권한을 배려해야 한다. 편향되지 않은 소통의 리더가 다음과 같이 하는 것이 중요하다. 즉, 누군가의 이야기가 진실을 바탕으로 하지 않고, 따라서 현 상황에서 예상된 결과가 얻어지지 않을 것이라고 소통의 리더가 분명히 확신하는 경우에는 참여자들이 집중하지도 않을 것임을 고려해야 한다. 만일 집단이 방위의 노래를 이용하고 있으면 동쪽에 앉아 있는 사람이 '판타지와 환상' 상태로 이야기하게 될 것이다. 정확한 상황에 맞춰 바른 코멘트가 각 방위에서 나올 수 있다. 방위의 노래를 이용하는 것은 집단이 우주 법칙의 에너지 안에서 지배되는 것을 허용하는 것이다.

7. 그 누구라도 이야기할 수 없는 것조차 이야기할 수 있고, 심판받거나 비난받을 것이라는 걱정 없이 무엇이든 이야기할 수 있으며, 또한 자신이 말한 것에 대해 처벌받거나 보복을 당할 것이라는 공포가 없어야 한다. 왜냐하면 일반적으로 이야기할 수 없는 것을 이야

기하는 경우에는 그 이야기의 필요성은 있을지언정 다른 사람들에게는 쉽게 받아들여지지 않을 것이기 때문이다. 만일 누군가가 당신에게 반대하거나 당신의 의견을 이해하지 않으려는 것을 안다면 솔직하게 그 사실을 공개적으로 상대에게 말하기 어렵다.

8. 모든 참여자는 동등하다. 소통의 리더가 마법의 바퀴에 앉는다는 것은 그야말로 토킹스틱 진행에 도움이 되도록 하는 것이며, 소통의 리더 그 자체가 매우 중요한 위치를 차지하는 것은 아니다. 외부의 다른 상황은 토킹스틱 모임에 아무런 영향을 주지 않는다. 참여자 중 특별히 중요한 참여자는 있을 수 없고 모든 참가자가 중요하며, 그들의 의견은 동등한 가치를 지닌다.

9. 토킹스틱을 넘길 때 항상 눈을 맞추면서 다른 사람의 정신을 존중한다. 눈은 영혼의 창이다. 당신이 누군가의 눈을 들여다볼 때 우리 모두는 신성한 인간이 되며, 공익과 해결책을 찾아내기가 훨씬 쉽다.

성공적으로
토킹스틱 진행하기

내가 너의 마음에 있는 소리를 들었을 때

나는 신성한 원을 걷는다.

나의 마음은 열리고 안개가 걷힌다.

나는 명확한 비전을 가진다.

자, 이 지팡이의 반대편에 나와 같이 앉자.

내 영혼의 창인 눈을 바라보라.

내가 너를 위해서 내 마음속에 가지고 있는 것이 무엇인지 들

어 보라.

우리는 동의할 수도 있고 동의하지 않을 수도 있다.

하지만 나는 나 자신을 진심으로 그리고 너의 진실한 그 자체를 존경하고 사랑한다.

토킹스틱 방법으로 어떤 만남도 멋지게 시작할 수 있다. 모든 사람은 말할 수 있는 기회를 가졌을 때 구성원의 일부라고 느끼며, 앞서 언급했듯이 토킹스틱은 집단으로 일할 수 있는 분명하고 신성한 방법을 제공해 준다.

부정적인 에너지 제거하기

모임을 시작할 때 '약용·향료용 허브saging'나 '훈증smudging'이라고 불리는 원주민의 전통을 이용할 수 있다. 약용·향료용 허브는 흰색 향료용 허브를 형식에 따라 묶어서 건조한 것을 따로 분리된 조개껍데기나 우묵한 그릇에 담은 것이다. 훈증은 일반적으로 부정적인 에너지를 사라지게 하는 흰 향료용 허브, 축복하기 위한 '단맛 나는 약초', 아름다움을 위한 라벤더, 균형을 위한 향나무의 조합이다.

세이지sage 막대기나 그릇에 담긴 스머지smudge는 참여자들을 깨끗하게 하고 바깥세상의 혼란스러운 에너지를 사라지게 해 준다는 의미이다. 어떤 전통은 어떤 사람이 도착했을 때 연기가 그를 감싸도록 한다. 세이지 막대기나 스머지 혼합물에 불을 붙이고, 그들이 도착했을 때 지목받은 사람이 깃털이나 새의 날개로 부채질을 해서 연기를 날려 보낸다. 또 다른 전통은 주인이나 리더로서 모임을 시작하기 위해 스머지에 불을 붙이고 원을 돌면서 날갯짓을 하여 널리 알린다. 각 사람의 스머지는 자기 자신이 되며, 이는 자기 자신을 이해하고 책임지도록 하게 한다는 것을 의미한다.

스머지가 주변에서 타고 있는 동안에 리더는 토킹스틱을 보여 주고 토킹스틱이 어떻게 사용되어 왔는지 역사를 간략히 소개할 수 있다. 다음으로 기본적인 규칙이나 약속 그리고 모임의 목적에 대한 설명이 필요하다. 간단한 환영 의식에서 기본적인 규칙으로 보통 2번(토킹스틱을 가지고 있을 때만 말할 수 있다. 어떤 사람이 토킹스틱을 가지고 있을 때는 앉아서 들어야 한다.)과 9번(토킹스틱을 다른 사람에게 넘겨줄 때는 항상 눈을 맞춰서 상대방의 영혼을 읽는다.), 그리고 5번(익명 또는 여기서 무슨 말을 하든 다른 곳으로 나

가지 않도록 하고 여기서만 남긴다.)을 언급할 수 있다.

다른 규칙은 의사결정을 위해 갈등 해결책과 브레인스 토밍을 하는 토킹스틱 모임 중에 언급한다.

모임의 목적 정하기

모임의 목적은 리더가 선택할 수 있고, "막대기를 태양이 도는 방향으로 돌리는 동안, 우리는 당신이 누구이고 어디서 왔으며 모임에서 이루고 싶은 것이 무엇인지에 대해 들을 것입니다."와 같이 말할 수도 있다. 다른 예로, 여성 공동체 집단이 토킹스틱으로 결론에 도달했던 지난번 모임에서의 말하기를 전달할 경우에는 토킹스틱을 넘기기도 했다. 이런 방식은 긍정적인 분위기로 시작할 수 있도록 한다.

리더는 대개 목적을 대화로 시작한다. 말하기가 끝나면 토킹스틱을 넘겨준다. 제대로 된 의례를 사용하도록 확실하게 한다. 두 손으로 토킹스틱을 잡고 다른 사람이 눈으로 볼 수 있게끔 보여 준다. 토킹스틱을 잠시 동안 잡고 있거나 다른 사람의 인정을 받았다고 느낄 때까지 잡고 있는다.

토킹스틱이 한 바퀴 돌았을 때 누군가가 언제라도 다시 토킹스틱을 잡고 정식으로 무언가를 표현하고 싶어 할지도 모른다. 모임이 끝나 갈 때 마지막으로 토킹스틱을 건네받고 싶을지도 모른다. 또한 배운 것이 무엇인지, 각 참여자들이 모임에서 어떻게 느꼈는지에 대해 의견을 물을 수도 있다.

환영 서클 외의 모임에서 토킹스틱 사용하기

어떤 사람이 "우리는 이것에 대해 토론할 필요가 있어요."라고 말할 수 있다. 다음은 개인적으로 토킹스틱을 사용한 예이다.

낸시와 수는 수년간 가장 친한 친구였다. 수는 낸시에게 사적인 문제에 대해 속마음을 털어놓았다. 그런데 수는 자신의 비밀 이야기가 소문으로 떠도는 것을 듣게 되었고, 그 이야기가 낸시의 입에서 나왔다고 믿었다. 상처를 받은 수는 일주일 동안 아무 말도 하지 않았다. 결국 수는 낸시에게 말하기로 마음먹었다. 수는 강박관념을 갖게 되었고 화가 났다. 수는 낸시에게 연락을 했다.

"안녕, 낸시. 요즘 어떻게 지내?"

"안녕, 수! 이번 주는 어수선했어. 새로운 상사가 좋긴 하지만 새로운 체제에 익숙해지려면 시간이 좀 걸릴 것 같아. 그런데 부하 직원 둘 때문에 힘들어. 내 생각에 그들은 내 자리를 원하지만 그럴 수 없으니까 불편한 긴장감을 야기하고, 나는 그들을 설득하려고 열심히 노력하고 있어. 어쨌든, 너는 어떻게 지내?"

낸시는 다른 걱정 따위는 전혀 없어 보였다. 수는 여전히 진실을 밝혀야 한다고 느꼈다.

"나는 네가 잘 해낼 거라고 믿어. 너는 항상 그래 왔으니까. 낸시, 이번 주에 어떤 일이 있었는데 나는 그것에 대해 너랑 얘기를 나누고 싶어."

낸시는 걱정되는 투로 대답했다.

"무슨 일인데? 너 괜찮니? 나에게 말해 봐."

"음, 나는 괜찮아. 그런데 나는 토킹스틱 모임에서 우리가 배운 것 중 하나를 직접 해 보고 싶어."

"그래, 토킹스틱의 신비로움을 직접 체험해 보고 싶구나. 오늘 밤에 할래?"

"내가 토킹스틱을 하자고 요청하는 거니까 네가 장소를 선택할 수 있어. 괜찮다면 우리 집은 어때? 그런데 생각해 보니 중립적인 장소에서 만나라고 했었지. 마이클 레스토랑은 어떠니?"

"그렇지. 중립적인 공간에서 해야지. 공원은 어때? 웨이터의 방해도 없을 테고. 네가 좋다면 끝나고 나서 밥 먹으러 갈 수도 있어."

"그래, 거기서 보자."

조력자와 함께하기

배우자, 청소년이나 어린이, 동료 등과 함께하는 개인적인 토킹스틱은 보통 일대일의 상황에서 한 사람이 토킹스틱을 요청하고 모임을 시작한다. 대화 상황에서 당신은 토킹스틱 모임을 할 장소와 시간을 정하며, 토킹스틱을 주도하는 사람이 리더가 되는 특권을 가질 수 있다.

리더는 집단에서 임명된 사람이나 토킹스틱을 요청한 사람, 혹은 집단의 다른 참여자가 될 수 있다. 리더가 반드시 공정하고 분명하게 자신의 의견이 있어야 하는 것은 아니다. 약속의 규칙을 충분히 이해하고 사람들이 편견

없이 조력할 수 있다고 믿어야 한다.

외부의 조력자가 필요할까? 주제나 상황에 의해 결정되는 개인적인 토킹스틱을 고려해야 할 것이다. 만약 조력자를 두기로 결정했다면 모임의 결과에 집착할 것이 아니라 전적으로 공정하게 하는 데 신경을 써야 할 것이다. 가장 친한 친구와는 의견 충돌이 있을 수 있으므로, 친구가 매우 객관적이지 않은 한 친구를 조력자로 삼는 것은 그다지 좋은 생각이 아니다.

이혼한 내 친구 둘은 아이들의 양육권 문제로 엉망이 되었다. 조이스는 여러 차례 남편 던과 전화로 의논하려고 노력했다. 그러나 엄청난 말다툼을 불러일으켰을 뿐이었다. 조이스는 토킹스틱이 해결해 줄 것이라고 생각했으나 남편과 단 둘이 있고 싶지는 않았다. 그녀는 나에게 함께해 달라고 했지만 나는 그럴 수가 없었다. 우리는 이 점에 대해 이야기했고 그녀는 결국 유대인 랍비에게 도움을 청했다. 그는 토킹스틱에 대해 들어 본 적은 없었지만 토킹스틱에 참여하는 것을 기쁘게 생각했다. 조이스는 그에게 자세히 알려 주었고 그는 빨리 익혔다. 모임은 안전하고 정중하게 이뤄졌다. 조이스와 던은 문제를 해결했

고, 랍비는 그 모임에 매우 감동을 받아 일하면서도 토킹
스틱을 사용하게 되었다.

전문적인 중재자와 토킹스틱 조력자의 증가로 사회에서
집단 모임을 볼 수 있게 되었다. (만약 이런 조력자가 필요
하다면 필자는 기꺼이 추천해 줄 수 있다. 필자가 직접 조력자
가 되어 줄 수도 있다. 만약 당신이 일대일 또는 집단의 전문적
토킹스틱 조력자가 되기 위해 훈련을 받고 싶다면 도와줄 수도
있다.)

토킹스틱 모임 장소

토킹스틱 장소는 중립적인 곳이라면 어디든 상관없다.
당사자와 집단 모두가 편안함을 느낄 수 있는 곳을 골라
세팅하는 것이 매우 중요하다. 어느 누구도 홈그라운드의
이점을 누리거나 주변 환경으로 인해 위협을 받아서는 안
된다.

개인적인 토킹스틱을 할 때는 자기 집이나 상대방의 집
에서 만나는 것을 피한다. 부부는 자기 집을 장소로 선택
할 수 있지만, 사생활이 유지되고 방해물이 없도록 준비

할 필요가 있다. 아이는 이웃이나 친척, 베이비시터에게 맡긴다.

만약 부모와 청소년 또는 어린이가 토킹스틱을 한다면 장소가 특히 중요하다. 연령대와 둘 사이의 관계 때문에 자녀는 시작부터 위협적이라고 생각할 수 있다. 자녀를 이해시키기 위해 부모는 자녀가 선뜻 받아들일 수 있도록 해야 한다. 토킹스틱 장소로 거실이나 부엌은 적합하지 않다. 자녀가 매우 방어적일 것 같으면 홈그라운드의 이점을 의도적으로 줄 수 있도록 자녀의 침대에서 하자고 제안할 수 있다.

내 친구의 아들은 학교에서 곤란한 상황에 처했다. 4학년 선생님은 여러 차례 아이를 처벌했지만 문제가 해결되지 않았다. 일이 더 커지기 전에 선생님과 아이가 이야기할 수 있도록 해야 한다고 느꼈고, 아이가 방어적이 되지 않도록 아이의 이야기를 들어야 했다. 아이는 이야기를 나눌 때 기분이 좋아질 필요가 있었다. 그들은 토킹스틱 모임을 하기 위한 중립적인 공간을 찾았고, 결국 아이가 어릴 때부터 은신처로 삼았던 큰 모래 상자 통에 앉아서 하기로 했다. 아이는 화를 내며 발길질을 했고, 잔디밭에 앉아 긍정적인 방식으로 모임을 시작했다. 선생님은 부모로부터 아이의 마음을 여는 방법에 대해 배웠다.

만약 당신이 조력자나 리더를 이용한다면, 그들은 장소를 정하고 모든 참여자들에게 연락하고 다른 것들에 대해 정할 것이다. 만약 한 집단이 모임 중이라면 조력자는 모든 참여자들이 둥글게 마주 보고 앉을 수 있는 충분히 큰 장소를 고려해야 할 것이다. 강연장은 토킹스틱 장소로 추천할 만하지 않다. 만약 집단이 너무 커서 강연장에서 해야만 한다면 토킹스틱을 가지고 있는 사람은 모든 사람들이 볼 수 있는 앞에 있어야 한다.

실용적인 성과

모임을 갖기 전에 다른 준비물과 결정 사항을 마련해야 한다. 조력자와 집단은 모임의 목적을 결정해야 한다. 개인적인 모임이나 수많은 사람에게 영향을 주는 기업 미팅에서는 성취해야 하는 것이 왜 필요한지를 아는 것이 중요하다. 실용적인 결과가 어떻게 되기를 원하는지 결정하라. 해결책이 필요한가? 동의가 필요한가? 100퍼센트?

3분의 2의 동의가 필요한가? 단지 그들의 의견만 듣고 말 것인가?

사람들이 교착 상태에 빠지지 않도록 일깨워 주고 집단이나 개인이 동의한 실용적인 성과로 이끄는 것이 조력자의 일이다. 이것은 매우 중요하고 토킹스틱이 계속 진행될 수 있다. 토킹스틱을 하기 전에 참여하는 모든 사람의 목적과 집단이 기대하는 성과에 대해 확실히 동의하도록 하라.

낸시와 수의 사례로 돌아가서, 수는 토킹스틱을 한 대로 결과가 일어나기를 바라는가? 수는 자신이 상처받은 기분을 낸시가 이해해 주기만을 바라는가? 또는 변화하기를 기대하는가?

처벌 또는 보복

마약을 이용한 아들을 찾은 부모의 사례를 보자. 만약 자녀가 마음을 열고 진실해지기를 바란다면 자녀가 솔직하고 정직하게 말하도록 처벌과 보복이 없다는 것을 앞에서 말해 주어야 한다. 이것은 만약 자녀가 마약을 끊었다면, 부모가 토킹스틱을 하는 동안 미래의 한계에 대해 말하라는 것을 의미하지는 않는다.

나는 거식증 환자인 딸을 둔 가족의 토킹스틱을 맡아달라는 요청을 받았다. 그들은 에이미가 몇 년 동안 섭식에 장애가 있다는 것을 알았지만 섭식장애 상담 이후 많이 나아졌을 것이라고 생각했다. 에이미의 병이 재발하여 그들은 실제 상태를 알게 되었다. 에이미의 몸무게는 43 킬로그램이었다. 그들은 에이미가 치료 센터에 가기를 바랐지만 그녀는 완강히 저항했다. 부모는 토킹스틱을 통해 에이미가 상담의 필요성을 알기를 원했다.

그녀의 반응과 이전에 했던 말을 들어 본 후, 나는 에이미가 치료 그 자체를 이전에 자신이 한 행동에 대한 처벌로 생각한다는 것을 알게 되었다. 토킹스틱을 이용해서 에이미가 처벌이라고 느끼는 치료 센터에 가게 하는 것은 토킹스틱의 규칙에 엄격하게 위배된다. 나는 에이미가 병원에 가도록 돕지 않겠다고 그녀의 부모에게 말했지만, 만약 에이미가 자신의 인생을 책임질 수 있게 하는 목적이라면 기꺼이 돕겠다고 했다. 나는 에이미가 스스로 질병을 이겨 낼 수 있는 해결책을 찾기를 바랐다. 그녀의 부모는 한 번 더 기회를 주었고, 에이미는 토킹스틱 모임에서 답을 찾지 못한다면 병원에 가기로 결정했다. 이것은 토킹스틱 규칙에 맞는다.

토킹스틱 모임을 하는 동안 에이미는 친구 부모가 알라넌[Al-Anon][10] 모임에 가서 도움이 되었다는 주제를 가져왔다. 그들은 알라넌이 알코올 중독 외의 다른 중독을 치료하는 데도 도움이 된다는 것을 알지 못했다. 그녀는 가족이 자신을 믿는다고 느꼈을 때 바로 자기애가 커졌고, 이 모습을 본 부모는 동의한 것에 행복해했다. 또한 에이미가 책임감을 가지고 주도하여 부모가 제시했던 센터가 아니라 그녀 자신이 찾은 해결책으로 나아지는 것을 본 부모의 마음은 따뜻해졌다. 에이미는 프로그램의 12단계를 하기로 동의했다. 그녀의 부모는 알라넌에 다니고 그녀의 여동생은 알라틴[Al-A-Teen][11]에서 자원봉사를 했다. 나중에 에이미 가족이 더 나아졌다는 이야기를 들었다.

---

10 Alcoholics Anonymous. 알코올 환자의 가족이나 친구의 모임 – 옮긴이
11 Al-Anon + Teenager. 알코올 환자의 가족이나 친구, 알코올 중독으로 자신의 생활에 영향을 받는 청소년들의 모임 – 옮긴이

희망하는 성과 내기

만약 집단에 특별한 리더가 있거나 조력자를 고용했다면, 비록 모든 세부 사항을 토킹스틱 모임 전까지 알지는 못하더라도 그들은 상황에 대한 명확한 아이디어를 개발할 필요가 있다. 집단이 이뤄 낸 성과를 대면할 때 그들 전체는 집단 최고의 바람직한 결과를 서로 공유하되 자신의 개인적인 문제는 내려놓도록 해야 한다. 모임의 목적을 명확히 하고 집단의 목적에 동의하기 전까지는 토킹스틱을 시작하지 말라.

여성 집단의 한 사람이 나에게 회원들의 편을 들도록 강요함으로써 집단이 해체된 적이 있었다. 그녀의 행동은 전체 회원들 사이에 균열을 일으켰다. 내가 토킹스틱에 대해 이야기하자 모든 사람은 그 원칙에 동의했다. 하지만 내가 토킹스틱을 하고 난 후에 우리 모두의 성과에 대해 동의가 필요하다고 하자 그들은 망설였다. 나는 그녀가 행동을 멈추고 모두의 성과를 해결해야 한다는 사실을 설명했다.

만약 그녀가 행동을 고치지 않겠다고 한다면 무슨 일이 일어날까? 집단은 그녀에게 경고하고 행동을 멈춰 달라고 요청할 수 있을까? 그녀가 멈추지 않는다면 담당자로서 사임해 달라고 요청할 수 있을까? 집단을 영원히 떠나 달라고 할 수 있을까?

집단은 그녀와 대면했을 때, 향후 초래될 수 있는 결과와 앞으로 있을 선택에 대한 모든 가능한 시나리오를 찾도록 강요당했다. 그들은 결국 그녀가 그런 행동을 멈추지 않겠다고 했을 때 투표를 했다.

실제적인 성과를 위해서는 집단의 목표에 부합하지 않으면 어떤 행동이든 반드시 멈추게 하고 주어진 집단의 의무를 다할 수 있도록 결정해야 한다. 어떤 사람들은 이런 방법에 대해 불편을 느껴서 경우에 따라서는 오래된 회원을 잃을 수도 있지만, 결국 집단은 공동의 바람직한 결과를 창출하고 단결될 것이다. 이와 같은 접근법은 불편하게 한 회원으로 하여금 그것이 보복이라고 말할 수 없게 하는데, 이는 그녀 자신에게 선택권을 주었기 때문이다.

사람들이 마법의 바퀴에 자리 잡게 하기

방위의 노래를 사용할 때 리더가 실수를 할 수도 있기 때문에, 조력자를 고용한다면 참여자들을 자리에 어떻게 앉히느냐가 결과에 영향을 줄 수 있다. 조력자는 참여자 각각의 강점과 약점에 대해 조사해야 한다. 부록에 있는 두 가지 질문지를 사용하라. 이는 조력자가 참여자들에게 가장 최적의 장소를 골라 주는 데 도움이 될 것이다. 질문지를 어떻게 사용하는지는 8장에 자세히 설명되어 있다.

각 참여자들을 어떤 자리에 앉히느냐에 대한 두 가지 가설이 있다. 예를 들면, 소통의 리더는 조가 언제나 매우 조직적이고 상황이 혼란스러워도 침착함을 유지할 수 있다는 이유로 북동쪽에 앉히기로 할 수 있다. 혹은 캐시가 절대로 조직적이지 않고 진실로 느끼는 바를 표현할 수 있는 힘을 이끌어 낼 장소가 필요하다는 이유로 그녀를 북동쪽에 앉힐 수도 있다. 이러한 역할 때문에 소통의 리더는 각 방위의 에너지와 각 참여자들에 대해 아주 잘 알고 있어야 한다. 소통의 리더는 부록에 있는 질문지를 이용하여 참여자들을 파악할 수 있지만, 방위의 노래를 배우면 각 참여자들을 보다 짧은 시간에 파악하기가 훨씬 쉽다.

나는 몇 년 전에 많은 직원이 있는 전인적인 의료 집단에서 토킹스틱을 진행하는 리더로 초대받았었다. 토킹스틱의 주제는 모든 직원에게 영향을 줄 수 있는 것이었는데, 사무실을 새로운 곳으로 옮기느냐 마느냐 하는 것이었다. 이 문제는 걷잡을 수 없는 지경이 되어 업무에 지장이 있을 정도였다. 사무실 관리자는 아주 좋은 친구였는데, 나는 그녀 그리고 두 의사와 다른 모임에서 토킹스틱을 진행한 적이 있었다. 그들은 방위의 노래를 사용하여 직원들에게 사무실 이전 문제와 더불어 자기반성을 할 수 있는 기회를 주기로 결정했다.

이전에 나는 토킹스틱에 참가하는 모든 사람을 개인적으로 알고 있는 상태에서 토킹스틱을 진행했던 적이 있다. 하지만 이번에 나는 모든 참여자를 알지 못했으며, 그들의 강점과 약점 또한 구체적으로 알지 못한 상태였다. 내 친구는 자신을 끼워 달라고 했지만 그들은 이미 여러 해 일을 같이 했기 때문에 편견이 없을 리 만무했다. 전체 직원들을 짧은 시간에 파악할 수 있는 방법이 필요했는데, 당시 나는 부록에 있는 두 가지 질문지를 개발하고 있었다. 그 질문지에 답변한 정보를 바탕으로 나는 각각의 사람들을 배치했고, 참여자들에게 각 방위에 따른 에너지의 성질과 그 에너지가 자신감을 갖도록 하는 데 어떻게 도움이 되는지 설명하는 데 고작 10분밖에 걸리지 않는다는 것은 알게 되었다.

토킹스틱 모임을 하는 날, 장소 이전에 대한 결정을 내리는데 그 방의 에너지가 꽤 부정적일 것이라고 생각했는데 평소와 같지 않게 긍정적인 에너지가 있어서 나는 놀랐다. 토킹스틱이 끝나고 나서 나는 태도의 변화와 결과에 대해 집단에 물어보았다. 그들은 관리자들이 자신들의 의견을 모두 물어볼 만큼 신경 써 주었다는 것에 대해 기분 좋게 느꼈고, 그들의 성격적 결함에 대해 묘사한 것을 극복하려고 시도한다는 데 흥미를 느꼈다. 그들은 토킹스틱의 에너지가 자신들의 견해를 표현하고 좋은 의견을 내는 데 많은 도움이 되었다고 말했다. 그들은 그달에 사무실을 이전했고, 내 친구는 "토킹스틱을 하기 전에는 아주 힘들었는데 정말 놀랍게도 잘 해결되었어. 그 전에 없던 결속력이 생겼지."라고 말했다.

나는 그 질문지가 모임을 진행하는 데 매우 큰 도움이 되었다는 것이 기뻤다. 그 이후로 '참여자의 강점을 사용하는 방법'이라는 템플릿을 계속 사용하고 있으며 매번 큰 성공을 거뒀다.

나는 콜로라도에 있는 마을위원회 모임에 조력자로 참가한 적이 있다. 매우 성공한 기업가들이 참여한 모임이었는데 그들 중 몇 명은 상당히 강한 자아를 가지고 있었다. 그들은 몇 달째 한 문제에 대해서 해결책을 찾으려 노력하고 있었고, 시장은 나를 불러 무언가 다른 것을 시도해 보려고 했다. 토킹스틱이 맨 처음에는 잘 받아들여지지 않아서 매우 어려웠다.

내가 부록 A 질문지를 배포했을 때 그 태도가 변했다. 모든 참여자들은 자신의 강점이 무엇인지 말하려고 몹시 애썼다. 단 한 가지 문제라면, 1점이 가장 강한 장점이고 8점이 가장 약한 장점인데 그들 중에 몇 명은 모든 질문에 1로 표시하려고 했다는 것이다. 이 질문지가 실마리를 푸는 방법을 제공하지 않았다면 나는 그들이 토킹스틱 원칙에 동의하도록 할 수 없었을 것이다. 이 모임 동안 그 기업가들은 약속의 규칙을 존중하기로 했고, 바퀴 주변 걷기를 배웠으며, 사적인 문제를 잠시 접어 두고 공동체를 위해 무엇이 좋을지 생각하게 되었다.

녹음기와 타이머

토킹스틱을 준비할 때 대화를 녹음해야 할지 고려해야 한다. 만약 녹음해야 한다면 소통의 리더는 다른 사람이 녹음하게 하거나 녹음하는 기계를 다룰 수 있는 사람을 고용해야 한다. 토킹스틱에 참여하는 사람이 녹음을 해서는 안 되며 반드시 외부 사람이어야만 한다.

만약 타이머를 사용하기로 결정했다면 이 일을 할 수 있는 다른 사람을 데려와야 한다. 외부 사람을 써야 하는 이유는, 만약 참여자가 타이머를 조정해야 한다면 거기에 정신이 팔려서 발표자가 하는 이야기를 잘 들을 수 없기 때문이다. 각 사람이 얼마 동안 말할지를 결정하라. 시간제한의 장점과 단점이 있는데, 어떤 사람은 자기 의견을 말하기에 시간이 충분하지 않다고 생각할 수도 있는 반면에, 시간제한을 두면 발표자들이 간결하게 말함으로써 다른 사람의 흐름을 끊지 않게 된다고 생각할 수도 있다.

만약 타이머를 사용한다면 어떤 식으로 시간이 사용될지 발표자에게 물어볼 수 있다. 예를 들어 10분이 허용된다면 발표자는 8분 동안 이야기하고 2분은 요약을 하는 식으로 하고 싶을 수도 있다. 시간이 다 되면 발표자는 더 끌지 말고 10초 정도를 더 사용해서 정리를 해야 한다. 어떻게 진행될지는 토킹스틱을 시작하기 전에 의논해야 한다. 개인적인 토킹스틱에는 타이머가 거의 사용되지 않는다.

모임 시작하기

소통의 리더는 토킹스틱이 필요한 분위기를 만들고 모임을 진행한다. 해결책에 대해 화를 내면서 말해서는 안 되고 다른 사람의 견해를 기꺼이 듣겠다는 태도로 진지하게 시작해야 한다.

소통의 리더는 문제 해결책이나 조직이 최고의 상태가 될 수 있는 방안에 대해 기도하라고 말할 수도 있다. "오늘 우리는 새로운 시설을 세울 것인지 말지에 대해 의논하고자 모였습니다. 여기에는 현재의 시설에 만족해 부채를 지면서 시설을 지어야 하는 이유를 모르겠다는 의견이 있습니다. 또 시설을 늘리는 것은 시장을 따라잡는 현명한 선택이란 의견도 있습니다."와 같이 서로 다른 견해에 대해 말하면서 시작할 수도 있다.

다음 단계의 진행 포인트

- 모든 사람이 "나는…"으로 시작하는 문장으로 말하도록 하라. 다른 사람 말고 자신을 위해 이야기하게 하라.
- 만약 어떤 사람이 다양한 문제를 가지고 있다면 그중에 한 문제만 결정하기를 추천한다. 토킹스틱을 처음 받았을 때 다양한 의견을 말할 수 있다. 경청자들은 자신이 이해한 것을 반복해서 반응을 보여 주어야 한다. 이렇게 함으로써 복잡한 문제를 더 쉽게 이해할 수 있다. 두 번째 또는 그다음 번 주제는 발표자가 토킹스틱을 계속 잡고 있을 동안이나 토킹스틱이 다시 돌아올 때 다음 주제를 이야기할 수 있다.
- 필기가 필요하다고 생각하는지 사람들에게 물어본다.

만약 필기를 해야 한다면, 발표자에게 듣는 사람이 필기를 하면 잠시 시간을 주라고 요청한다. 경청자는 최대한 빨리 필기를 해야 한다. 다른 사람이 했던 말을 기억하는 수준에서 키워드만을 써야 한다.

- 원 안에서 말한 것은 단지 원 안에서만 다루며 밖에서 논의하지 않는다는 것에 대해 동의를 받는다.
- 해서는 안 될 말을 했다고 해서 상대방을 비난하지 않는다.
- 의도를 말하고 집단 합의가 실행 가능한 성과임을 말한다. 고려하고 있었던 결과를 다시 한 번 말할 수 있다.
- 집단에 적절해 보이는 다른 기본적인 규칙을 다시 말한다.

토킹스틱 처음 시작하기

누가 처음 시작해야 할지 결정하는 데는 몇 가지 방법이 있다. 만약 단순한 개인적 토킹스틱이라면 토킹스틱을 하자고 한 사람이 이유를 밝히면서 시작하면 된다.

집단의 경우에 그 집단의 리더가 시작해도 되고, 소통의 리더가 있다면 누구부터 시작해야 할 것인지를 그가 고민해야 한다. 보통 토킹스틱을 하자고 한 사람이 시작하지만 꼭 그럴 필요는 없다. 첫 번째 사람이 시작한 뒤에 어떻게 진행해야 할지는 다음과 같은 방법을 사용할 수 있다.

- 토킹스틱을 원 가운데에 놓고 무작위로 앞에 나온 사람이 가져가고 끝나면 다시 갖다 놓는다. 토킹스틱을 가져간 사람은 시작하기 전에 바로 앞 사람이 한 말을 반복해서 말해야 한다.
- 시계 방향으로 돌아가면서 순서대로 말한다. 토킹스틱을 하자고 한 사람이 먼저 시작한다. 자기 차례가 되었을 때 말하지 않고 그냥 넘어갈지를 선택할 수 있다. 이는 계속해서 이야기할 기회를 포기한다는 것이 아니라 다시 자기 차례가 되었을 때 이야기할 수 있다. 이 방법을 쓴다면 모든 과정이 끝날 때까지 토킹스틱이 몇 번이고 계속해서 돌아갈 수 있다.
- '팝콘 방법'이라고 불리는 방법이 있는데, 첫 번째 사람이 발언한 후 토킹스틱을 원 가운데에 놓거나 강연

장 앞에 놓는다. 그런 다음 원이나 집단에서 나온 임의의 사람이 토킹스틱을 가져간다.

모임에서 방위의 노래를 사용한다면 서로를 존중하는 자세를 보여 주며 시작할 수 있다.

- 앞에서 설명했듯이 남동쪽은 자아 개념이라는 마법의 바퀴로 들어가는 논리의 방위이다. 만약 문제가 자신감이나 자존감과 관계된다면 남동쪽을 맡은 사람이 첫 번째로 시작하는 것이 좋다. 남동쪽부터 시작했다면 그다음은 남쪽으로, 해가 뜨는 방향(즉, 시계 방향)으로 돌아가면서 말한다.
- 시작하기에 좋은 또 다른 장소는 순수한 아이의 방위인 남쪽이다. 남쪽에서 시작해 해가 뜨는 방향으로 돌아가며 말함으로써 집단의 지성과 지혜가 점차 성숙해질 수 있다.

당신이 기준이 된다는 것을 명심하라

어떤 방법을 사용하건 토킹스틱을 잡고 있는 동안에는 에너지가 연결되어 있다. 만약 토킹스틱의 끝을 땅에 닿게 한다면 당신은 자동적으로 좀 더 중심에 있고 진정되는 것을 느낄 수 있을 것이다.

다른 사람들에게 말을 할 때는 그들과 눈을 맞춰라. 만약 원 안에 있다면 모두와 각각 눈을 맞추고 싶을 수도 있다.

발표자로서 다음과 같은 것에 대해 명심하라.

- 정직하고 마음에서 우러나오는 말을 한다. 토킹스틱은 가장 무방비한 곳의 이야기를 할 수 있도록 독려하는 역할을 한다. 모두가 동의하고 보복에 대한 두려움이 없어야 한다. 당신의 의견을 이야기하고 다른 사람이 당신의 의견을 진실되게 듣는 시간이다.

- 간단명료하게 말하기 위해 노력하고, 했던 말을 반복해서 하지 않는다. 경청자가 당신이 한 말의 의미를 반복해서 말함으로써 정말로 이해했다는 것을 곧 깨

달을 수 있을 것이다. 반복적인 말은 또 다른 긴장감을 불러올 수 있는데, 이는 당신의 믿음에 대해 완전하게 확신하지 못한다는 것을 암시하거나, 혹은 남들에게 당신의 생각을 확신시키고 싶어 하는 욕구를 느끼게 한다. 만약 당신이 좋은 자존감을 가지고 있다면 마음속에 무엇이 있는지 곧 알게 되어 남들의 확인이 필요치 않다. 말하는 동안 방해를 받거나 비판적이거나 판단하려는 것 같다는 걱정이 없어지면 좀 더 창의적인 의견이 나올 수 있다.

경청자로서 지켜야 할 것

• 주의 깊게 듣되 반응을 하거나 답변하려고 하지 않는다. 나는 아이들에게 토킹스틱을 하는 동안 얼굴에 표정을 짓거나 동의하지 않는다는 코웃음을 치는 것 같은 행동을 하지 말 것을 당부한다. 아이들은 그런 행동이 재미있다고 생각하지만 이는 어른들에게조차 스트레스로 다가온다. 발표자가 말하는 동안 경청자가 눈을 굴리거나 하는 것은 문제를 해결하고자 하

는 의지를 보여 주지 않는 태도이다. 자신의 신념 체계를 잠시 제쳐 두고 발표자의 메시지를 열린 마음으로 받아준다. 대부분의 사람은 다른 사람이 발표하는 동안, 발표가 끝난 다음 자신이 할 답변을 생각하기 때문에 다른 사람의 말을 잘 듣지 않아서 이해하지 못하게 된다. 발표자의 메시지를 다 받아들이기 전까지는 답변을 준비하는 것을 미뤄 둔다.

- 현재에 집중한다. 과거에 무슨 일이 일어났고, 미래에 무슨 일이 일어날 것인지 상상하지 않는다. 미래나 과거로부터는 들을 수 없다.

- 필기가 필요하다면 간단하게 쓴다. 발표자가 한 말에 대한 키워드 정도만 필기한다. 눈을 맞추거나 손을 들어서 필기가 필요하다는 의사를 표현하면 발표자가 잠깐 시간을 줄 수 있다.

발표가 끝나면 토킹스틱을 전달해야 한다. 토킹스틱을 원 가운데에 다시 가져다 놓거나, 처음에 정한 앞자리에 놓을 수도 있고, 아니면 다른 사람에게 바로 넘길 수도 있다. 토킹스틱을 다른 사람에게 넘긴다면 두 손으로 주면서 눈을 맞춰야 한다.

다시 말하는 방법

토킹스틱이 중앙에 놓여 있든 전달되든 간에 토킹스틱을 잡은 사람은 바로 앞 사람이 했던 말을 다시 반복해서 말한다. 이때 단순히 그 말을 그대로 사용하는 것이 아니라, 진심으로 들었고 그 의미를 이해했다는 것을 그 사람이 사용했던 키워드를 사용하여 나타낸다. 같은 의미를 가지고 있는 단어를 기본적으로 사용하는 것도 괜찮을 수 있지만 어떨 때는 그것이 잘못 이해될 수도 있다.

예를 들면, 밥이 "어떤 특별한 상황에서 hurt[12] 했다." 라고 말했다. 그다음에 경청자가 이것에 대해 다시 말했다. "밥, 나는 네가 wounded[13] 당했다고 들었어." 여기서 wounded는 hurt의 동의어일 수도 있지만 좀 더 심각한 의미로 쓰인다. 그래서 밥은 경청자가 좀 더 심각한 단어

---

12 hurt : 마음이 아프거나 감정이 상하는 것으로 상처 입는 것 – 옮긴이
13 wounded : 칼이나 총과 같은 무기로 상처 입는 것 – 옮긴이

를 사용함으로써 자신의 고통을 과장되게 표현하여 사실을 심각하게 받아들이지 않는다고 느낄 수 있다. 이는 경청자가 의도한 바가 아닐 수 있고, 그 상황 자체가 악화될 수도 있다. 만약 경청자가 같은 단어를 사용해서 다시 한 번 말했다면, "밥, 네가 hurt 했다고 했는데…"와 같이 이야기했다면 hurt가 다시 반복됨으로써 밥은 경청자가 이해했다고 느낄 수 있다.

의사소통의 문제는 발표자가 진실되고 이해받고 있다고 느끼면 해결된다. 그러나 토킹스틱 자체가 계속 왔다 갔다 하며 다른 사람들이 이야기를 하면 분노를 일으킬 수 있기 때문에 키워드를 반복해서 말해 주는 것은 발표자가 동감하는 데 도움을 줄 수 있다.

만약 발표자가 다른 사람들이 진심으로 이해하지 못한다고 느끼거나 중요한 요점이 전달되지 않았다는 생각이 들면, 토킹스틱을 가져가서 말하고자 했던 바를 다시 말한 뒤 경청자에게 토킹스틱을 넘겨 다시 말하게 함으로써 정확한 용어가 사용되도록 할 수 있다. 발표자가 자신이 말한 의미를 정확하게 이해받지 못했다고 생각하면 방어적으로 나올 수 있으므로 이 과정이 필요하다. 이는 토킹스틱이 개인의 아동기적인 방어나 상처 입은 어린 시절에 대한 반응 또는 그들의 자존심이 깨질 때와 같은 악화되는 상황을 해결할 수 있는 방법이다.

'참여의 규칙'에서 말한 대로 이런 의사소통이 잘 안 되는 것은 고의적인 문제가 아니라, 모두 바퀴를 걷고 있다는 데에서 나타나는 것임을 확실히 할 필요가 있다. 발표자가 이런 의사소통의 부재를 해결하기 위해 다시 토킹스틱을 건네줄 때, "나는 당신이 이렇게 이해하고 있다는 식으로 들었는데, 내가 이 점을 분명하게 말하지 못한 것 같아요."라고 시작하는 것이 좋다. 이때 "당신이 잘 이해하지 못하는 것 같아요."라고 말하면 긍정적인 의사소통을 이끌어 낼 수 없다. 그 대신에 "내가 분명하게 말하지 못한 것 같아요."라고 하는 편이 효과적이다.

만약 사소한 것들이 있다면 발표자가 어른의 자세로 있으면서 진지하게 게임을 하기 원한다는 것을 나타냄으로써 해결할 수 있다. 경청자와 발표자가 모두 상황에 집중함으로써 토킹스틱 과정이 악화되는 것을 막을 수 있다. 모두가 평화로운 방법으로 문제를 해결하고 성숙된 방향으로 나아가기 위해서는 다 같이 협력해야 한다. 만약 소통의 리더가 있다면 이런 위기감이 악화되어 상황이 더 안 좋아지기 전에 없애는 것이 그의 의무이다.

큰 집단의 토킹스틱에서는 각 사람들이 발표자가 되어 말한 것과 경청자가 한 말에서 차이점을 발견할 수 있을 것이다. 그런 경우에는 스틱이 다른 사람에게 넘어가기 전에 이것을 분명히 짚고 넘어가야 한다. 이것은 공식적인 방법이 아니지만, 실제로 토킹스틱을 서로에게 전달하지 않고 발표자가 어떤 말을 했는지에 대해 분명하게 말해 주는 것만으로도 전달될 수 있다. 그러나 누군가가 중간에 끼어들어 방해하거나 이런 일들이 계속해서 나타나면 토킹스틱으로 상황을 진정하기 위해 반복이 필요할 수도 있다.

새로운 발표자가 말하기 전에 무엇이 진행되고 있는지에 대한 동의를 분명하게 해야 한다. 모든 사람이 이해한다고 발표자가 생각하면 이제 경청자는 새로운 발표자가 되어 계속해서 진행한다. 이 시나리오가 계속 진행되어 상대방이 동의점을 찾는다면 토킹스틱은 일목요연한 결과물을 만들어 내게 될 것이다.

성취 결과를 보장하는 세 가지 사항

- 이것은 각 사람이 흠잡을 데 없는 수준의 듣기 실력을 갖는 데 도움을 준다. 다섯 개의 귀로 들어야 한다고 원주민은 말했다. 이는 과거에 우리가 얼마나 자기중심적이었는지를 설명해 준다. 진심으로 무엇을 말하려고 하는지에 대한 산만함 그리고 타인에게 어떻게 보일지를 의도적으로 나타냄으로써 다른 사람들의 듣기를 방해한다.

- 편견과 비난을 없애고, 안전한 환경에서 모든 사람이 자신의 견해를 표현하도록 허락함으로써 자존감을 쌓을 수 있도록 도와준다.

- 모든 사람이 마법의 바퀴를 따라서 걷는 노력을 함으로써 다른 사람의 견해를 볼 수 있도록 도와준다. 이는 모든 사람이 모든 것에 동의한다는 의미만은 아니다. 토킹스틱은 당신의 견해를 다른 사람에게 이해시키려고 애쓰는 것이 아니며, 당신이 다른 사람의 의견에 맞춰서 변해야 한다는 것이 아니다. 단지 많은 사람들이 각자 다른 생각을 가지고 있다는 것에 대

해 감사하라.

토킹스틱이 문제를 해결하지 못하면 어떻게 할까

많은 경우에 토킹스틱을 마치면서 모두가 동의하지 않는다는 사실에 동의하며 끝나기도 한다. 하지만 모든 사람은 의견을 표현할 수 있는 기회를 공유한 것에 만족한다. 만약 해결책이 없더라도 참가한 모든 사람은 진심으로 문제를 해결하기 위해 여기에 온 것이다. 해결되지 않은 이유는 단지 그들의 의견을 다른 사람에게 확신시키려고 왔기 때문일 수 있다. 모든 토킹스틱 모임이 바라는 결과를 언제나 가져오는 것은 아니다.

토킹스틱 모임을 끝내다

모든 사람이 한 번씩은 발언할 기회를 가졌고 토킹스틱을 맨 처음 시작했을 때의 목적이 완료된다면 모임을 끝낼 시간이 되었다. 만약 부록의 질문지를 사용했다면 참여자들은 그들의 강점이나 약점에 따라 특정한 방위에 서 있을 것이다. 이는 그들 자신을 평가하는 데 좋은 시간이다. 그들이 소통의 리더나 리더에 의해 선택되었고 특정한 강점을 가지고 있다고 느낀다면 그들이 진실로 그 특징을 사용할 수 있었는지 물어보라. 만약 약점을 가지고서 모임에 참가하도록 선택되었다면 과연 어떤 도전 의식을 불러일으키는지 물어보라. 이 경험을 통해 그들은 무엇을 배웠는가?

토킹스틱 모임이 매우 우호적으로 끝났다면 다시 한 번 참여자들에게 토킹스틱을 돌려 상대방에게 그들이 했던 행동에 대해 어떻게 생각하는지 들어 볼 수도 있다. 그러나 모임 중에 혹시 어떤 적개심 같은 것이 있었으면 다시 하지 않기를 권한다. 사람들은 어떤 도전을 받았는지 마음속으로 알고 있을 것이다.

시작할 때와 같은 분위기로 모임을 끝내라. 소통의 리더나 리더는 해결책이나 결과에 대해 다시 한 번 반복해서 말하고자 할 수도 있다. 모임이 기도로 시작되었다면 기도로 마감하는 것이 적절할 것이다. 어떤 원주민의 마지막 말은 "이 토킹스틱은 아름답게 끝났습니다."였다.

나만의 토킹스틱 만들기

토킹스틱은 지혜로운 마음을 상징한다.

그리고 토킹스틱은 종종 매우 아름답거나 단순하거나

중요한 가치가 있는 공예품이다.

토킹스틱은 그것을 잡고 있는 사람이 다른 사람이나 집단에게

자신의 진실된 마음을 말할 수 있도록 권한을 준다.

토킹스틱을 만드는 데는 규칙이 없다. 토킹스틱을 사용할 때 듣는 사람과 말하는 사람은 독립적이다. 만약 이런 상황이 일어났고 즉시 토킹스틱이 필요하다고 느낀 다면 볼펜이나 연필 또는 주변에 잡히는 대로 무엇이든지

사용할 수 있다. 그것은 당신의 의도를 실행하기 위한 마술이 된다.

그러나 만약 토킹스틱으로 설계된 도구를 사용한다면 많은 사람들이 더 의미 있는 의식으로 느낄 것이다. 만약 당신도 그렇게 생각하고 당신만의 토킹스틱을 만들고 싶다면 몇 가지 아이디어가 있다. 이 아이디어를 당신의 상상을 풍성하게 하는 데 사용하라.

15~18인치의 막대기를 사용하라. 못같이 생긴 기다란 막대기 또는 숲이나 뒷마당에서 볼 수 있는 막대기를 사용할 수 있다. 마른 나뭇가지는 아름다운 토킹스틱이 된다. 막대기는 곧은 것이거나 구멍이 많아서 별로 좋지 않은 것일 수도 있다. 살아 있는 나무의 가지는 꺾지 않는 것이 좋다. 하지만 만약 살아 있는 나무의 가지를 꺾어야 한다면 꺾기 전에 나무에게 물어보고, 나무를 선물로 생각하고 고마워하라. 원주민은 나무에게 고마워하는 방법으로 담배(필터가 있는 담배가 아니라 진짜 담뱃잎), 옥수수 몇 개, 머리카락, 또는 타액을 선물로 남긴다.

내 남편은 나무 조각가인데, 나는 남편이 만든 지팡이의 윗부분을 사용해 첫 번째 토킹스틱을 만들었다. 지팡이의 윗부분은 사람 모양의 멋진 조각품이었고, 지팡이의 아랫부분에 선인장 패턴으로 구슬 장식을 했다. 지팡이의 윗부분은 내 딸과 그 가족에게 선물했고, 계속해서 연결점을 가지기 위해 아랫부분은 내 토킹스틱으로 사용했다.

나는 또 다른 재미있는 토킹스틱도 만들었는데 선인장의 가시털, 호저[14]의 가시와 깃털로 꾸몄다. 4분의 3인치 놀이 도구를 선인장 패턴으로 장식한 토킹스틱을 많이 만들어서 친구들에게 선물했다.

어느 날 한 친구가 중고품 할인 상점에서 뱀 모양의 긴 조각품을 발견했다. 그 친구는 '젖은 오두막 의식'을 할 때 감사의 선물로 좋을 것 같다며 그 조각품을 나에게 주었다. 나는 그것이 아주 마음에 들었다. 나는 방울뱀 디자인을 이용해 검은 뱀을 구슬로 만들었는데 아직도 가지고 있다. 아마도 언젠가는 선물로 줄 수도 있을 것이고 아닐 수도 있다.

우리 아버지는 몇 년 전에 아일랜드 지팡이를 받으셨

---

14 몸이 길고 뻣뻣한 가시털로 덮여 있는 열대 지방의 야행성 동물 – 옮긴이

다. 아일랜드 지팡이는 사실 예전에 무기였다. 아버지가 돌아가셨을 때 나는 그 막대기를 가져와서 무지개 구슬 패턴으로 토킹스틱을 만들었다. 이것은 매우 좋은 대화 주제이다. 그 막대기는 이제 더 이상 전쟁에서 사용되지 않지만 말이다.

어느 날 호숫가를 걷고 있을 때 재미있는 막대기를 발견했다. 윗부분이 구부러져서 용의 머리같이 보였다. 그 것을 토킹스틱으로 만드는 데는 많은 시간이 걸리지 않았다. 나는 큰 빨간색 크리스털을 용의 눈으로 덧붙였다.

나는 최근에 특별한 예술가에게 토킹스틱을 샀는데, 그 것은 아주 두꺼운(약 1.5인치 지름) 포도나무로 만들어졌다. 멋진 돌과 보물을 넣을 구멍이 있다는 점이 특히 환상적이었다. 시작 부분에 다양한 크리스털을 붙이고 끝부분에 작고 투명한 크리스털을 붙였다.

토킹스틱을 만들면서 지구의 4대 구성 요소(광물질, 식물, 동물, 인간) 중 어떤 것을 포함시키고 싶을 수도 있다. 정신세계를 표현할 무언가를 추가할 수도 있다. 이 막대기 자체는 식물 요소를 대표하지만 당신이 고른 식물을 추가할 수 있다. 인공 건초나 꽃을 덧붙이면 아름다울 것이다. 이 막대기를 잡고 있다가 다른 사람에게 건네줄 때 인간적인 요소를 추가하는 것이다.

광물질 요소에 대한 몇 가지 아이디어가 있다. 막대기 윗부분의 지름과 같은 크리스털을 포인트로 사용한다. 다양한 색을 사용할 수 있다. 크리스털은 에너지를 증폭하는데, 많은 사람들은 크리스털이 원주민에게 있어 '위로부터의 에너지'와 '아래로부터의 에너지'의 관계를 증가시킨다고 느끼며, 의식의 측면에서는 모임에 힘을 실어 준다. 크리스털은 접착제로 붙이며, 막대기를 감쌀 때 긴 가죽 줄무늬 또는 힘줄로 감쌀 수 있다. 튼튼하게 하기 위해 적어도 막대기에 붙인 크리스털의 1인치 밑에서부터 시작해서 조금씩 위로 올라간다. 나는 힘줄과 구리선으로 크리스털을 막대기에 부착한 것을 보았다. 어떤 돌멩이든 당신에게 의미가 있다면 접착제로 붙여서 쓸 수 있다.

나는 많은 막대기를 구슬로 장식한 것에 대해 언급했다. 씨앗 구슬을 사용하라. 보통 11인치 크기로 선인장이나 벽돌 모양의 복잡하게 돌아가는 패턴을 만들었다. 대부분의 공예 상점에는 구슬을 꿰는 방법에 대한 책이 있다. 막대기에 바로 구슬을 붙일 수도 있고, 막대기에 가죽을 먼저 붙인 다음에 구슬을 붙일 수도 있다. 패턴이 마음에 들지 안 들지 모를 경우에는 구슬을 막대기에 붙이고 위아래로 움직여 보면서 패턴을 정할 수 있다. 가죽 위에 구슬을 붙이면 고정되어 움직이지 않는다. 또한 긴 줄에 구슬을 꿴 것을 막대기 주변에 둘러 꾸밀 수도 있다. 대부분의 씨앗 구슬은 유리이기 때문에 광물질 요소를 대표한다.

막대기의 끝 부분에 대한 다른 아이디어는 90도 또는 45도 정도로 깎은 곳 위에 윗부분이 둥근 보석을 붙이는 것이다. 한쪽 면이 평면인 이 보석은 돌멩이인데 보석 가게나 광물질을 파는 가게에서 살 수 있다. 터키석은 특히 원주민에게 신성시되고 호피 인디언[15]의 땅을 상징한다. 호피 족은 바다를 대표하는 것으로 붉은 산호를 사용한다. 한쪽 끝은 터키석으로 장식하고 다른 쪽은 산호색으로 장식할 수 있다. 많은 부족은 장식하기 위해 조개껍데기를 활용하는데, 작은 조개껍데기는 매우 아름다운 장식품이 될 것이다. 옹이구멍이 많은 막대기를 사용한다면

---

15 북미 원주민 부족 중 하나로 애리조나 주에 거주한다. — 옮긴이

큰 구슬 또는 돌멩이에 접착제를 발라 옹이구멍에 집어넣는다.

동물숭배나 돌멩이 동물 조각품도 보석 가게나 광물질 가게에서 구할 수 있다. 초자연 원주민 상점에는 보통 다양한 제품이 갖춰져 있다. 힘이 깃든 동물을 찾았다면 막대기 윗부분의 장식품으로 꾸밀 수 있다. 내 친구 중의 하나는 큰 터키석 곰을 막대기 윗부분에 구리선과 가죽으로 묶어서 가지고 있다. 돌로 장식한 동물 모양은 실제로 동물 요소와 광물질 요소 모두를 대표한다.

가죽은 보통 동물 요소를 대표한다. 맞춤용 막대기를 선택했다면 예쁘게 만들기 위해 막대기 전체를 감쌀 수 있다. 다양한 색상의 가죽 끈도 구매가 가능하다. 막대기가 울퉁불퉁한 나뭇가지라면 가죽을 적시고 늘려서 울퉁불퉁한 부분을 감싸라. 그러면 가죽을 막대기에 부착하는 데 도움이 된다. 한 친구는 방울뱀 가죽으로 두른 아름다운 막대기를 가지고 있다. 달랑거리는 것은 윗부분에 가죽 끈으로 묶었다.

거북을 좋아한다면 거북 또는 별갑 무늬를 사용할 수 있다. 껍데기의 뒷부분에 막대기를 끼우고 목둘레 구멍을 통해서 더 길게 만든다. 막대기 끝 부분의 모양은 거북의 머리처럼 보일 것이다. 막대기의 남은 부분을 초록색 구슬 또는 페인트와 껍데기로 장식할 수 있다.

막대기에 황마나 다른 천을 감쌀 수 있다. 실은 비싸지 않고 색이 다양해 아이들도 실로 자신의 토킹스틱을 만들 수 있다. 다른 색상의 실을 겹겹이 놓으면 매우 재미있는 패턴을 만들 수 있다. 자연스러워 보이는 막대기를 만들고 싶다면 털실을 사용하라.

막대기 어딘가에 가죽 술을 붙이는 것은 좋은 시도이다. 술을 자르기는 어렵지만 탠디 같은 가게에서는 잘라 놓은 술을 판다. 가는 유리나 돌멩이 구슬을 술 위에 간격을 두어 붙이고 싶을 수도 있다. 이것은 작은 무게감이 있어서 흔들거리는 효과를 만들어 낼 수 있다. 술의 끝에 다 작은 종을 붙이는 것도 마찬가지이다. 원주민은 난쟁이, 요정, 땅속 요정, 남자 모습의 작은 요정, 정령 등을 불러내기 위해 종을 사용한다.

깃털은 동물 요소를 대표하는 인기 있는 장식품이다. 원주민은 모든 새가 위로의 에너지와 주신을 연결해 주는 존재라고 느낀다. 어떤 깃털을 사용하기 전에 홍실로 깃털 밑 부분을 묶을 수도 있다. 이것은 새를 기리고 새에게 생명을 다시 부여한다는 것을 의미한다. 만약 이렇게 한다면 깃털의 밑 부분에 고리 모양의 실을 연결하는 것을 고려하라. 고리 모양의 실을 여러 가지 깃털로 연결하고 막대기의 가죽 끈에 붙여 자유롭게 움직일 수 있도록 한다. 실을 가죽으로 덮거나 구슬로 장식된 막대기일 경우에는 깃털 끝 부분을 구슬로 장식할 수 있다. 1년 중에서 깃털을 찾기 가장 좋은 시기는 여름이고 장식품점에서는 1년 중 아무 때나 구입할 수 있다.

깃털 대신에 너구리, 여우, 또는 다른 동물을 이용한 재미있는 막대기를 본 적이 있다. 동물 요소를 대표하기 좋은 또 다른 것은 토끼털이나 다른 종류의 털 또는 머리카락이다. 토끼 가죽은 대부분의 공예점에서 구입할 수 있다. 나는 말의 털과 물소 또는 곰의 털로 만든 것을 본 적이 있는데, 이것이 특히 좋은 이유는 이 동물들을 원주민이 신성시하기 때문이다.

막대기에 색을 칠하는 것은 좋은 아이디어이고 상당히 저렴하다. 여기에는 자연적으로 함축된 두 가지 체계가 있다. 첫 번째는 원주민이 네 가지 인종을 표현하는 데 사용한 것으로 어떤 사람들은 이를 네 가지 바람[Four Winds]의 색으로 불렀다. 변형이 있지만 대부분 전통적으로 남쪽은 빨간색, 서쪽은 검은색, 북쪽은 흰색, 동쪽은 노란색을 사용한다. 어떤 부족은 빨간색과 흰색을 바꿔서 남쪽을 흰색, 북쪽을 빨간색으로 한다. '위로부터의 에너지'나 하늘은 일반적으로 하늘색으로, '아래로부터의 에너지' 또는 지구는 초록색으로 나타낸다. '위로부터의 에너지'와 '아래로부터의 에너지'가 만나는 지점은 자수정(보라색)이다.

또 다른 색의 체계는 무지개색이다. 맨 밑에서부터 1인치씩 각각의 색을 넓게 줄무늬처럼 칠한다. 물론 자신에게 더 의미 있는 색을 칠해도 된다.

아주 작은 아이디어이지만 당신의 상상력을 풍부하게 해 주길 바란다. 막대기를 완성했을 때, 다른 사람에게 막대기로 축복하고 일깨워 달라고 요청하거나 당신 스스로 할 수도 있다. 이전에 언급했던 세이지 막대기와 스머지 막대기를 부정적인 에너지를 사용해 깨끗하게 만든다. 스머지를 구성하는 여러 가지 허브를 독립적으로 사용하면 특별한 의미로 사용할 수 있다. 세이지는 부정적인 에너지를 사라지게 하는 것을 대표한다. 스위트그라스[16]는 축복을 의미한다. 향나무는 균형을 맞추고 라벤더는 아름다움을 의미한다. 각각의 허브로부터 연기가 만들어지고, 당신 차례가 왔을 때 생각을 토킹스틱에 말한다. 기도를 하거나 다른 방식으로 할 때 항상 신성한 마음가짐으로 토킹스틱을 사용하라. 마지막으로 토킹스틱을 영광의 장소에 두고 절대로 무기로 사용하지 마라.

아름다움 안에서 걸어라,
나의 친구 아웨네스티카Awanestica!
놀기 좋은 가을바람을 맞으며

---

16 sweetgrass. 단맛 나는 사료용 풀 – 옮긴이

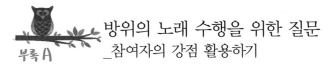

방위의 노래 수행을 위한 질문
_참여자의 강점 활용하기

부록 A

토킹스틱에 참여하기로 동의해 주셔서 감사합니다. 이 모임의 리더로서 저는 원주민의 전통을 이용하기로 했습니다. 그들은 남쪽, 남서쪽, 서쪽, 북서쪽, 북쪽, 북동쪽, 동쪽, 남동쪽의 각 방위가 구별되는 '현명함'을 가지고 있다고 믿습니다. 각 방위의 에너지로부터 원형 내에서 특정 방위에 앉아 달라고 요청받게 될 것입니다.

다음의 자세한 설명서를 통해 어떤 식으로 이를 행할 수 있는지 알려 드리겠습니다. 각 질문에 진심으로 답한다면 이 과정은 매우 수월하게 진행될 것입니다. 당신의 강점을 잘 이용하여 집단에 도움이 될 수 있는 방위를 찾

149

기 위해, 아래의 문장을 잘 읽고 그 문장이 당신의 강점을 얼마나 잘 표현하는지 점수를 매겨 주세요. 1점은 당신이 가장 강한 강점, 8점은 가장 취약한 약점을 나타냅니다. 모임을 진행할 수 있도록 점수를 매긴 후에 저에게 돌려주십시오.

> ☐ 나는 토킹스틱의 주제에 대해 의견을 가지고 있고 나 자신이 독립적이라고 생각한다. 나는 내 의견을 냉철하고 중립적이고 객관적으로 말하는 데 불편함이 없다.
>
> ☐ 나는 모험적인 사람으로 내부적인 미지의 공포에 주저하지 않는다. 나는 새로운 것을 두려워하지 않으며 토킹스틱을 통해 최선의 결과를 찾고 싶다.
>
> ☐ 나는 지도력 있는 사람으로 내 꿈을 일목요연하게 정리할 수 있다. 나는 어떤 일을 시작했다면 곧 결과를 본다.
>
> ☐ 나는 이 문제를 해결해야 하는 임무를 느낀다. 이것은 내가 해야 하는 일이고 지금이 이것을 해야 하는 시점이라고 느낀다.
>
> ☐ 나는 이 문제를 푸는 데 한 가지 해결책만 있다고 생각하지 않는다. 나는 모든 사람의 의견을 들어 보고 가장 최선이라고 생각되는 해결책을 찾을 것이다.

☐ 나는 주최자이며, 집단에서 결정한 해결책에 따라 실행을
도울 자신이 있다.

☐ 나는 이 집단에서 치어리더 역할을 하고 있다고 생각한
다. 나는 집단을 결집하는 힘을 가지고 있고, 집단 구성원
사이에 긴장감이 있을 때 이를 해결할 방법이 보인다.

☐ 나는 이와 같은 상황을 해결했던 경험이 있으며 긍정적인
결과를 도출할 수 있는 지혜를 가지고 있다.

방위의 노래 수행을 위한 질문
_자기 반영과 위기 떨쳐 내기
집단 내에서 성장 기회로 개인적인 토킹스틱 사용하기

토킹스틱에 참여하기로 동의해 주셔서 감사합니다. 이 모임의 리더로서 저는 원주민의 전통을 이용하기로 했습니다. 그들은 남쪽, 남서쪽, 서쪽, 북서쪽, 북쪽, 북동쪽, 동쪽, 남동쪽의 각 방위가 구별되는 '현명함'을 가지고 있다고 믿습니다. 각 방위의 에너지로부터 원형 내에서 특정한 방위에 앉아 달라고 요청받게 될 것입니다.

다음의 자세한 설명서를 통해 어떤 식으로 이를 행할 수 있는지 알려 드리겠습니다. 각 질문에 진심으로 답한다면 이 과정은 매우 수월하게 진행될 것입니다. 당신에게 최고의 성장 가능성을 제공하여 도움이 될 수 있는 방위를 찾기 위해,

아래의 문장을 잘 읽고 당신이 도전하고자 하는 영역을 얼마나 잘 표현하는지 점수를 매겨 주세요. 1점은 당신의 가장 큰 약점, 8점은 당신이 고칠 점이 별로 없는 부분을 나타냅니다. 모임을 진행할 수 있도록 점수를 매긴 후에 저에게 돌려주십시오.

☐ 나는 내 힘이 충분하지 않다고 종종 느끼며 이 기회를 이용하여 발전하고 싶다. 나는 개인사에 상관없이 내 의견을 말할 수 있다.

☐ 나는 사람들과 가까워지는 데 불편함을 느끼고, 이는 나를 주저하게 만든다고 생각한다. 나는 이번 기회를 통해 집단에 대해 좀 더 알고 싶고 내가 가진 재능을 공유하고 싶다.

☐ 내 꿈은 일목요연하지 않으며, 몇 가지 이유로 꿈을 이루기 위해 추진하는 것을 주저하고 있다. 나는 이번 기회를 통해 집단의 합의점을 찾고 최선을 다해 실행을 돕고 싶다.

☐ 나는 변화를 두려워하여 최선이라는 것을 알면서도 나를 변화시키지 못한다. 나는 이번 기회를 통해 내가 그어 놓은 '한계의 상자'를 벗어나 이 에너지를 집단이 하나가 되

는 데 쓰고 싶다.

☐ 나는 다른 사람들의 의견에 가치를 매기는 데 어려움을 겪는다. 나는 이번 기회를 통해 집단 구성원들이 무엇을 말하고자 하는지 진심으로 듣는 연습을 하고 문제의 이면을 보고 싶다.

☐ 내 인생은 혼란스럽다. 작고 사소한 것에 의미를 부여하여 산만하게 만든다. 나는 이번 기회를 통해 실용적인 선택을 하고 의미 있는 우선순위를 부여하여 집단의 해결책을 찾는 데 주의를 기울이고 싶다. 이는 나를 집중하게 하며 에너지를 현명하게 쓸 수 있도록 도울 것이다.

☐ 나는 종종 최악의 상황을 상상하여 미리 걱정하고 불안해한다. 나는 이번 기회를 통해 미래에 무엇이 발생할 것이라는 과거의 경험이나 두려움이 나에게 어떤 영향을 주지 않도록 현재에 집중하고 싶다.

☐ 나는 종종 남들이 나를 어떻게 생각하는지, 나의 가치를 어느 정도로 판단하는지에 대해 많은 영향을 받는다. 나는 이번 기회를 통해 가면을 벗고 나 자신의 모습을 보여 주고 싶다.

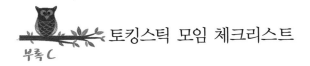

토킹스틱 모임 체크리스트

부록 C

환영 의식을 위한 준비

☐ 토킹스틱을 가지고 있는지 확인한다.

☐ 세이지 막대기나 스머지를 이용할 예정이라면 이를
　준비한다. 또한 전등과 선풍기 등이 필요할 것이다.

환영 의식의 거행

☐ 리더는 세이지나 스머지를 할 누군가를 정해 놓거나
　원 주변에 스머지 그릇을 놓는다.

☐ 리더는 토킹스틱에 대해 이야기한다.

☐ 리더는 참여의 규칙을 선언한다.

☐ 리더는 토킹스틱의 목적을 발표한다.

☐ 리더는 목적의 사례와 함께 대화로 시작한다.

☐ 리더의 말이 끝났을 때 적절한 의례를 이용하여 다른 사람에게 토킹스틱을 넘긴다.

☐ 필요하다면 리더는 모임 중에 언제든지 토킹스틱을 잡고 언급한다.

☐ 토킹스틱이 끝나고 나서 소감을 나누기 위해 한 번 더 토킹스틱을 돌린다.

개인적으로 토킹스틱을 하기 위한 준비

☐ 토킹스틱을 하기로 결정한 사람이 소통의 리더가 필요한지도 결정한다.

☐ 경청자 또는 다른 사람이 중립적인 장소를 결정하도록 요청할 수 있다.

☐ 리더는 목적과 성과를 결정한다.

개인적인 토킹스틱 모임

☐ 토킹스틱을 가지고 있는지 확인한다.

☐ 세이지 막대기나 스머지를 이용할 예정이라면 이를

준비한다. 또한 전등과 선풍기 등이 필요할 것이다.

- ☐ 리더는 토킹스틱 모임을 시작한다.
- ☐ 필요하다면 리더는 토킹스틱에 대해 이야기한다.
- ☐ 리더는 참여의 규칙을 발표한다.
- ☐ 리더는 토킹스틱의 목적을 발표한다.
- ☐ 리더는 대화로 시작한다.
- ☐ 리더의 말이 끝났을 때 적절한 의례를 이용하여 다른 사람에게 토킹스틱을 넘긴다.
- ☐ 경청자는 발표자가 말한 것에 대해 반복해서 말한다.
- ☐ 경청자가 이해한 것에 대해 발표자가 동의한다면 그 후 경청자가 발표자가 되어 토킹스틱 모임을 계속한다.
- ☐ 모든 사람이 토킹스틱을 시작했던 목적이 정리되었다고 동의하면 시작했을 때와 마찬가지의 분위기로 토킹스틱을 종료한다.

집단 토킹스틱을 하기 위한 준비

- ☐ 토킹스틱을 하기로 결정한 사람이 소통의 리더가 필요한지도 결정한다.

☐ 소통의 리더는 중립적인 장소를 결정한다.

☐ 소통의 리더는 목적과 성과를 결정한다.

☐ 소통의 리더는 토킹스틱을 놓을 위치를 결정한다.

☐ 소통의 리더는 녹음이 필요한지를 결정한다.

☐ 소통의 리더는 타이머가 필요한지를 결정한다.

☐ 방위의 노래를 사용했다면 뒤의 내용을 검토한다.

집단 토킹스틱 모임

☐ 토킹스틱을 가지고 있는지 확인한다.

☐ 세이지 막대기나 스머지를 이용할 예정이라면 이를 준비한다. 또한 전등과 선풍기 등이 필요할 것이다.

☐ 소통의 리더는 토킹스틱 모임을 시작한다.

☐ 필요하다면 소통의 리더는 토킹스틱에 대해 이야기 한다.

☐ 소통의 리더는 참여의 규칙을 발표한다.

☐ 소통의 리더는 토킹스틱의 목적을 발표한다.

☐ 소통의 리더, 또는 소통의 리더가 선택한 누군가가 대화를 시작하고 발표자가 된다.

☐ 발표가 끝났을 때 정해진 순환 방향과 규칙에 따라

서 토킹스틱을 넘긴다.

☐ 경청자는 발표자가 말한 것에 대해 반복해서 말한다.

☐ 경청자가 이해한 것에 대해 발표자가 동의한다면 경청자가 발표자가 되어 모임을 계속한다.

☐ 모든 사람이 토킹스틱을 시작했던 목적이 정리되었다고 동의하면 시작했을 때와 마찬가지의 분위기로 토킹스틱을 종료한다.

방위의 노래를 이용하는 토킹스틱을 하기 위한 준비

☐ 소통의 리더가 질문지를 사용하기로 결정했다면 참여자들에게 질문지를 배포한다.

☐ 참여자들에게 질문지를 받은 다음 그들의 강점이나 약점에 따라 배치한다.

☐ 소통의 리더는 참여자들이 각 방위의 에너지에 대해 이해하도록 그 방위의 힘이 어떻게 사용될지에 대해서 설명한다.

방위의 노래를 이용하는 토킹스틱

☐ 토킹스틱이 제안했던 순환 방향과 다른 형식으로 돌

아가는 경우 소통의 리더는 어떤 순환 방향으로 할
지 정한다.

☐ 소통의 리더는 토킹스틱의 에너지에 대해 점검하고
목적대로 잘되고 있는지 시시때때로 확인한다.

저자의 다른 책

부록 D

소설

Saving the Crystal Skull: An Adventure of Mayan 2012 Prophecy

맥 맥칼리스터는 과테말라 정글에 유혹되어 만 년의 미스터리한 힘의 베일에 싸여 있는 마야 신전으로 이끌려 갔다. 그는 실물 크기의 크리스털 두개골을 구하는 전생의 맹세를 기억해 내고, 고대 신전에서 자신의 핵심 역할을 발견하게 된다. 노인 무당 이치타카가 안내하여 맥은 자기 임무의 핵심이 되는 직관력과 마술력을 회복하기 위해 애쓴다. 모든 이성적 능력

을 거스르며 혼돈 속에서 맥은 영적 친구 틀랄리를 발견하고
서, 수많은 전생에 걸쳐 채우지 못한 열정으로 고통에 직면하
게 된다. 아주 얇은 막으로 분리된 과거, 현재, 미래의 세계에
서 맥은 인류와 지구의 파괴를 막기 위해서는 — 마야력이 끝
나는 날짜를 2012년 12월 21일로 맞추기 위해 시간의 문을 열
어야 하는 임무 — 크리스털 두개골을 멕시코의 미친 집행관
라파엘 산체스로부터 보호해야 하기에 그와 맞서 싸운다.

www.SavingTheCrystalSkull.com

http://blog.PhyllisCronbaugh.com

Reunion of the Crystal Skulls: An Adventure of 2012 Mayan Prophecy

맥은 자기 현생의 사랑과 파트너를 발견하고 자신이 알고 있
는 사실을 지워 버리려고 애쓴다. 그러나 그는 자신이 2012년
마야 신전의 구성물로 일체가 되어 있어 그렇게 할 수 없다는
것을 알게 된다. 여행 도중에 아기와 이치타카, 마야 노인 무
당은 그가 직관력을 계발할 수 있도록 도와주는 다른 방법을
모색한다. 그러나 그의 힘의 원천을 알고서 라파엘 산체스가
전래되던 크리스털 두개골을 훔치려는 우발적 사건이 일어난
다. 지구와 인류의 파괴를 막으려면, 다섯 번째 세상의 문을

열고서 인류의 의식 혁명을 일으키려면, 신성한 크리스털 두 개골 13개가 완전한 매트릭스로 2012년 12월 31일에 재결합되어야 한다. 이 질주는 마야가 예언한 마지막 그날에 일어난다. 2011년 초에 출판되었다.

Discovering the Magickal Mysterious Character

열한 살 겨울을 보내고 이듬해 봄에 샘은 아메리카 토속 주술사인 지혜를 지닌 노파를 만나서 인생 여정을 떠난다. 노파는 태어난 이후 사만타를 계속 기다려 왔다. 그리고 샘은 미래에 차기 지혜를 지닌 자가 되도록 운명이 정해져 있었다. 샘은 신전을 지배하는 황홀하고도 어쩔 수 없는 무엇을 발견한다. 주술사 노파의 무리가 지닌 방법을 배우려는 그녀의 강렬한 욕망이 그녀를 아름다운 레드로드의 경로로 이끈다. 노파는 샘이 숲 속 난쟁이와 동물들의 도움으로 '신성한 꿈의 세계'를 발견하도록 안내한다. 이 꿈은 현세에서 배운 경험으로 일곱 번의 다음 생애로 떠나기로 약속하는 것이었다. 샘의 평범한 10년은 노파의 가르침의 시간이었고, 곧 샘은 Magickal Mysterious Character를 끌어안게 된다.

www.MagickalMysteriousCharacter.com

http://blog.PhyllisCronbaugh.com

Becoming the Magickal Mysterious Character

*Becoming the Magickal Mysterious Character*는 Samantha Wind Dancer의 전설로 이어진다. 첫 번째 책 *Discovering the Magickal Mysterious Character*는 샘의 열두 살부터 시작해서 열세 살 성인 의식으로 끝난다. 이 책은 다음 14년간의 여정으로 연결되어 27세에 끝난다. 샘은 혼돈의 여행을 떠나고 네 번의 달 주기 중에 서쪽 대보름달의 세계로 이동한다. 그녀는 주술사 노파의 지혜를 더 이해하고 모계 사회 교육을 받으며, 그 세계에 참여하고 결혼도 해서 현인 아들을 얻게 된다. 2011년에 출판되었다.

Living the Magickal Mysterious Character

*Living the Magickal Mysterious Character*는 샘의 27~54세 인생 여정이고, 윈드댄서에서 지혜를 지닌 자까지의 기간이다. 이 기간 중에 사만타는 신성한 꿈의 세계에서 살기 시작한다. 이 현재 세대에서 배운 다음 그녀는 다음 일곱 세대로 떠나기로 약속한 전설을 찾기 위해 진실을 확대한다. 그녀는 그들이 잊어버린 가르침의 아름다움을 그들에게 이해시키기 위해 그리고 그녀를 그들의 인생으로 받아들이는 부족들을 위해 정의의 십자군 활동을 시작한다. 선댄스와 다른 토속

아메리카 의식은 그녀를 더욱더 깊이 레드로드 부족의 의식 절차로 빠져들게 한다. 2012년에 출판되었다.

Legacy of the Magickal Mysterious Character
*Legacy of the Magickal Mysterious Character*는 시리즈의 마지막 편이다. 지혜를 지닌 자 사만타는 자신만의 신성한 가르침을 나누고 수호하기 위해 전생에 맹세했던 제자를 찾음으로써 인생의 균형을 잡으려고 그녀의 마음으로 여행을 떠난다. 단지 이것만이 모든 여성이 항상 성스러운 지식에 접근하도록 한다. 2012년에 출판되었다.

비소설

Yes, It's Possible to Change Your Past: Combining Ancient Shamanic Wisdom and Quantum Physics to Help You Consciously Create the Life You've Only Dreamt About
만약 미래를 바꾸면, 엄청난 변화가 오는 것을 알면 자신의 과거를 바꾸고 싶었던 적이 있는가? 과거의 사건이 당신의 행동에 영향을 미치거나 지금 당신에게 나타나는가? 영화는 과거를 바꿀 수 있다고 이야기한다. 양자물리학이 이것을 증명하

고, 많은 토속 부족민은 천 년 동안 이것을 어떻게 하는지 알고 있었다. 개인 과거 지우기라 불리는 고대의 기법을 실행해 보라. 그러면 당신의 과거가 영원히 바뀌고, 꿈꾸는 미래로 문이 열린다. 지금 바로 가능하다!

www.ChangeYourPast.com

http://blog.PhyllisCronbaugh.com

Wild Woman Rites of Empowerment Bible – Over 50 Life-Changing Ceremonies

통과 의식 혹은 소위 능력 배양 의식은 수천 년 삶의 자연 진화를 찬양하도록 도와준다. 오늘날 보기 드물게 어떤 인생살이가 찬양을 받고, 세상의 대혼란은 우리가 이해할 수 없도록 하는 감정적 문제에 빠지게 한다. 토속 부족민은 항상 자연의 변화 주기를 찬양해 왔으며, 통과 의식은 우리의 인생 변화를 받아들이는 비통함을 야기하고 우리 내면 아이의 상처를 치유한다. 이 의식은 우리 각 개인이 깨달음을 향한 마음의 여정을 따라 여행하듯이 우리의 발전과 성숙을 찬양한다. 의식 행사는 남성적 에너지와 여성적 에너지의 균형을 잡아주고, 또한 우리가 인간으로서 누구에게도 넘겨줄 수 없는 다섯 가지 권한, 즉 건강, 희망, 행복, 조화, 유머 감각 등을 회복할 수 있도록 도와준다. 이 책은 50번에 걸친 생애 변화 의식을 어떻게 활성화하는지에 대한 지침을 알려 준다. 개별적 의식 행사에 사용되는 시와 스토리, 특별 부록이 포함되어 있다. 지금 시판 중!

www.PhyllisCronbaugh.com

http://blog.PhyllisCronbaugh.com

Earth Astrology: Completing What Sun Bear Started
*Earth Astrology*는 태양곰, 즉 치페와(슈피리어 호 지방의 아메리카 원주민) 원로가 1980년에 시작한 것을 보며, 그리고 그녀가 사슴족 메티스 부족(백인과 북아메리카 원주민의 혼혈)의 주술 모임에서 제자로 있을 때 전수받은 지식과 조합하고, 또한 이런 놀라운 지혜를 Star Nation Grandmother의 지식과 마법의 바퀴를 교차함으로써 최고의 경지에 올려놓는다. 당신 인생의 매일 매 순간을 당신이 의식적으로 만들어 내는 방식에 적용되는 토템 신앙 동물의 메시지를 발견해 보라. 원로들은 인생은 힘든 게 아니라고, 만일 당신 주변의 자연 에너지와 일체화하면 편안하다고 이야기한다. 우리가 인생에서 스트레스를 받는 것은 인생에서 피할 수 없는 변화를 수용하지 않기 때문이라고 한다. 동물들은 과거나 미래에 대한 생각 없이 '대자연의

섭리를 의미하는 위대한 미스터리' 속에서 완벽하게 살아간
다. 동물들은 단지 '지금' 속에서 삶을 최대한 즐기며 살아간
다. 당신도 그렇게 살 수 있다. 2011년에 출판되었다.

www.PhyllisCronbaugh.com

http://blog.PhyllisCronbaugh.com

함께 토론하고 소통하는

기적의 토킹스틱

초판 인쇄 2014년 7월 10일
초판 발행 2014년 7월 15일

지은이 필리스 크런보
옮긴이 이소희 · 김정미
펴낸이 박찬후
편집 박민정
디자인 김은정

펴낸곳 북허브
등록일 2008. 9. 1.

주소 서울시 구로구 구로2동 453-9
전화 02-3281-2778
팩스 02-3281-2768
e-mail book_herb@naver.com
카페 http://cafe.naver.com/book_herb

* 잘못된 책은 구입하신 서점에서 바꾸어 드립니다.

값 12,000원
ISBN 978-89-94938-15-8(03300)